18ª Edição – 2011
Do 29º ao 30º milheiro

Revisão:
Rosana da Franca

Projeto Gráfico da Capa:
Almindo Júnior

Editoração:
Andréa Caroline C. Silva
Maria Edércia Duarte

Rua José de Alencar, 905 – Bairro Nova Suissa
CEP 30421-148 – Belo Horizonte – MG – Brasil
Tel: (31) 3433-0400

Impressão:
PROL EDITORA GRÁFICA LTDA

Impresso no Brasil
Presita em Brazilo

Todo o produto desta obra é destinado à divulgação da Doutrina Espírita, tendo o médium João Nunes Maia e seus familiares cedido os direitos autorais, gratuitamente à Editora Espírita Fonte Viva.

JOÃO NUNES MAIA
pelo Espírito
MIRAMEZ

HORIZONTES DA VIDA

Editora Espírita
FONTE VIVA
Livros que fazem iluminar

EDITORA ESPÍRITA FONTE VIVA
Rua José de Alencar, 905 – Bairro Nova Suissa – Belo Horizonte
MG – Brasil – CEP: 30421-148 – Telefone: (31) 3433-0400
CNPJ: 19.138.577/0001-92 – Insc. Est.: 62.440.933-0054
Utilidade Pública Municipal: Lei 4.546 de 18/09/88
Utilidade Pública Estadual: Lei 9.637 de 19/07/89

Dados Internacionais de Catalogação na Publicação (CIP)
(Câmara Brasileira do Livro, SP, Brasil)

Miramez (Espírito).
Horizontes da vida / pelo espírito Miramez;
[psicografado por João Nunes Maia. – 18ª Ed. –
Belo Horizonte, MG: Fonte Viva, 2011.

1. Espiritismo 2. Psicografia 3. Vida
I. Maia, João Nunes, 1923- II. Título.

98-4136 CDD-133.93

Índices para catálogo sistemático:
1. Mensagens psicografadas: Espiritismo 133.93

ÍNDICE

Prefácio

Os *horizontes da vida* são imensuráveis, descrevendo, sem palavras articuladas, a natureza divina de Deus. Aquele que desejar confirmar a existência do Senhor, para a sua maior segurança, que observe a natureza, que não teve participação direta do homem, para o seu surgimento. Nessa simples ideia e nessas coisas tão singelas, o Criador está de braços abertos a nos abençoar, a nos mostrar os *horizontes da vida* pulsando em todas as vidas.

Este livro é mais uma cooperação dos trabalhadores invisíveis – que são muitos – a mostrar o quanto vale a vida, processamento divino vertendo da vida maior, Deus. Neste empenho valioso, o nosso irmão Miramez vem nos mostrar mais riquezas espirituais, objetivando engrandecer o coração e iluminar a consciência dos estudiosos da Doutrina dos Espíritos.

Compreende-se daí que todos os esforços da criatura para melhorar são assistidos pelos benfeitores da eternidade, com os seus recursos de ajudar, no nível em que lhes é possível beneficiar as atitudes nobres.

Todas as mensagens do nosso companheiro nos mostram a vida natural e os valores que devemos recambiar para nossa intimidade. Suas lições nos chamam a atenção, com mais profundidade, para o grande campo interior, de modo a conhecermos a verdade, porque todos são conscientes de que ela liberta as criaturas em quaisquer movimentos de amor, porque o amor é a caridade em todos os seus aspectos. Estamos dentro de uma renovação doutrinária e o progresso não escolher divisões; ele está em todas as áreas acionando a vida para frente e sempre com novos horizontes para serem desvendados. Deus é o doador supremo, não obstante. Ele deixa uma parte para que nós entendamos a importância da nossa cooperação, como sendo conquista marcando na vida os esforços que devemos fazer para a nossa felicidade.

Cada criatura tem inicialmente deveres, para depois nascerem os direitos. Como ter direitos sem que se faça alguma coisa? Observemos bem que é pelas intenções geradoras das ações no bem comum que recebemos as vibrações das sementes plantadas. Sendo assim, não compensa colocar no solo humano e da própria natureza o mal, por serem seus frutos amargosos, cheios de problemas e dores insuportáveis. Os livros nos ajudam muito a recordar o que ouvimos no mundo espiritual, principalmente os livros espíritas e, dentre estes, os mediúnicos, por serem escritos pelas inteligências fora da matéria, através de receptores que verdadeiramente entregam-se à tarefa sem exigências passageiras, mas somente por amor à grande causa, a fim de que todos possam conhecer a verdade da reencarnação, da comunicação dos Espíritos e que a vida continua em todos os ângulos da vida universal. Estudemos, pois, esses livros, deles tirando uma compreensão maior de o que fazer da vida e dos ensejos a nós ofertados por Deus.

É para entender melhor, com essa clareza de conceitos

que os Espíritos elevados estão juntos a todos os encarnados, em todos os seus trabalhos, sob a inspiração de Jesus. Os encarnados de que falamos e que se interessam por esses escritos, são os chamados e escolhidos para as mudanças de costumes e mesmo de vida, para as mudanças que devem operar em si mesmos, firmando uma moral elevada, como condições valiosas para o preparo do terceiro milênio.

A ninguém pretendemos violentar, forçando a nos acompanhar, mas convidamos a todos para analisarem o que falamos; e caso surja algum interesse, que experimentem mudar de vida, no sentido de não mais ter ódio, de esquecer a violência, de procurar perdoar sempre e de trabalhar no bem, que universaliza. Queremos – e essa é a intenção do escritor – mostrar a presença de Deus dentro de cada um e o Cristo a comandar o coração do homem. Embora desencarnados, estamos envolvidos no seio da sociedade na Terra, pedindo a Jesus que não nos deixe faltar serviço dentro do seu apostolado, as bênçãos do labor pela sua magnânima direção, se o merecermos.

Este livro nos mostra muitos horizontes cheios de esperanças maiores, de modo que, pelo esforço, poderemos alcançá-las e, nesse trabalho, aparecerá nos céus de nossos corações a paz imperturbável. Compete a cada um de nós aumentar o trabalho e, com mais intensidade no campo interior, de onde pode nascer a vida, com grandes *horizontes de vida*.

BEZERRA

Belo Horizonte, 02 de junho de 1988.

1 *Terapêutica Psíquica*

A cura psíquica equivale à cura física. Em muitos casos, a segunda nasce da primeira, consoante as ideias dos grandes mestres do Espiritismo no mundo. A raiz de todo o equilíbrio se encontra na profundidade dos pensamentos que, ao se tornarem ideias, têm o poder de harmonizar ou perturbar os corpos que servem à alma.

A mente doente, cujos pensamentos são inferiores, constitui uma força dardejante que distorce a energia divina absorvida pelos centros de força, encravados no corpo espiritual, e esta flui imediatamente para as glândulas de secreção interna, que a ofertam para toda a rede de sutis nervos capazes, pela sua sensibilidade, de predisporem os órgãos a variadas enfermidades, arruinando igualmente o metabolismo celular.

Todos os tipos de fobias nascidas da depressão nervosa trazem consigo energias deturpadas, transmutando-as em inúmeras energias, que têm a facilidade incrível de muitas mudanças de aspectos, confundindo os terapeutas mais hábeis da Terra.

É bom que o homem saiba que em torno de todos nós,

encarnados e desencarnados, existe um campo de força criado por nós mesmos, pelas nossas ideias; e elas se afinam pelas suas vibrações afins, interligando umas nas outras, pela lei de afinidade, influenciando o seu próprio criador.

A energia divina procedente do nosso Pai Celestial nos beija com toda a mansuetude, inspirando-nos por todos os meios, para a grandeza da vida, porém e na sutilidade da consciência que encontra a fonte repetidora de energias. São ondas luminosas que têm a capacidade de absorver os nossos sentimentos na sua totalidade, como sendo o mais aperfeiçoado gravador, que registra todos os sons e palavras que dele se aproximem. Pode, entretanto, ser dissolvido por meios criados pelos próprios homens. Assim também são as ondas de luz que nos vêm do Criador: elas assimilam, porém podem ser dissolvidas por todos os pensamentos-forma que absorvem dos sentimentos humanos. Somente a escrita eterna é indestrutível, porque foi Deus que gravou na sua estrutura profunda.

Todos temos um dos corpos – que se pode chamar corpo mental – formado pelas nossas criações, fazendo uma barreira em torno de nós, que nos protege ou nos escraviza, dependendo do teor das nossas ideias... Em todo aspecto somos médicos de nós mesmos e, conhecendo essa verdade, o nosso dever é segurar as mãos no arado sem olhar para trás.

Devemos tomar atitudes e operar em nós a verdadeira cura dos nossos desequilíbrios. E como fazer? Mudanças!... Mudanças!... Podemos chamá-las de renovação interior, podendo durar meses, anos, séculos ou milênios. O tempo não importa; importa que a lei nos determina e nos pede que avancemos e é nosso dever prosseguir sempre na educação das nossos sentimentos. Todo tempo é tempo de começar e, de uma coisa temos certeza: que não nos faltará a assistência espiritual neste grande desempenho, em que os maiores beneficiados seremos nós mesmos.

A saúde é, por natureza, divina; todavia, é necessário que compreendamos sua função nos nossos passos. Se não obedecermos à lei do equilíbrio e à harmonia da vida em nossa vida, os variados tipos de enfermidades surgirão em nossos caminhos, como professores mais rudes que conhecem como lidar com os Espíritos que ainda ignoram as leis de Deus.

O homem deve conhecer mais além da matéria, de outra forma nunca encontrará a paz de consciência. As leis de Deus se encontram escondidas nas dobras do tempo e do espaço, mas para o estudante da verdade elas são visíveis em tudo o que se possa sentir e ver. O homem velho deve morrer, como a semente, para que surja o homem novo.

Observando as habilidades do Cristo, tiraremos delas as mais profundas lições e encontraremos a vida cada vez mais fulgurante. Nos caminhos do esforço próprio, ser-nos-á dada a luz do entendimento. Façamos a nossa parte, destruindo a crosta de ideias maléficas que giram em nosso derredor, como os planetas em torno do sol, a nos influenciar por aquilo que criamos. Elas, as ideias, podem sair, quebrar a crosta, escapulindo para fora, influenciando outras pessoas; no entanto, outras ideias de outras pessoas podem vir a nós por afinidade. São trocas indesejadas, mas que obedecem à força de atração.

Segue as lições deste livro, observa em todas elas o que tentamos te dizer acerca da saúde e de onde ela vem para o corpo somático e cuida de aprender por esses meios, ou por outros que podes conhecer em muitas obras espíritas, que o Senhor é o mesmo em todas as escolas, com a finalidade de educar a todos. Se queres ser ajudado, trabalha na tua própria conquista, aperfeiçoando-te. Semeia a luz que terás, com o tempo, sóis e estrelas em teu céu.

Se queres ser ajudado, trabalha na tua própria conquista, aperfeiçoando-te.

2 *Tenência Valiosa*

O homem que se decidiu a acompanhar Jesus não deve, e não pode, deixar faltar em suas decisões o vigor da juventude que conhece os frutos de um amadurecimento das experiências no bem. Ainda mais que ele sabe que todos os trabalhos em que impera o amor, nas linhas da pureza que faz lembrar o Mestre, preocupam, e muito, os que se esqueceram da verde e tornam-se pontos visados, como árvores que ofertam aos viajores frutos nutrientes. Podemos afirmar, entretanto, que quem já conhece a luz nunca teme as trevas que, porventura, surgirem em seu caminho. Elas são breves, pois somente a verdade ficará de pé, nos faz crer o Evangelho de Nosso Senhor Jesus Cristo.

Se já conheces a energia divina que circula com mais eficiência nos corações dos justos, n/ao recues ante os que desejam te assombrar com pequenas ilusões; avança, insiste em avançar mais, que alguém do plano espiritual está ligado ao teu sensível coração, para ter falar pelos canais dos teus sentimentos. A tenência valiosa é aquela sustentada e dirigida pela razão esclarecida, que se alimenta na fonte inesgotável da fé.

Se alguém fala mal do teu procedimento e a tua consciência em Cristo não te acusa, usa a tua força íntima para esquecer as ofensas e, se possível, ora por ele. Não permitas que em tua mente renovada no bem entrem pensamentos que possam distorcer a verdade.

A firmeza é princípio grandioso para todos nós, mas, só é verdadeira quando se fundamenta no clarear das leis naturais criadas pelo Supremo Mandatário. Não te enganes, iludindo as tuas boas qualidades. Todos conhecemos o bem e o mal, o que nos serve e o que não desejamos para nós próprios, e isso aprendemos na escola de Deus, mesmo antes da razão. Acautela-te daquilo que possa te prejudicar, que todo desequilíbrio afeta a muitos e respondemos pelas desordens causadas aos outros, quando elas nascem de nós: se nascem em nós pensamentos inferiores, ser-nos-ão dadas, pela lei dos afins, ideias iguais, a nos atormentarem como se fossem nossas...

Prudência nos pensamentos constitui preventivo para todos os tipos de males. Não temos o direito – principalmente os espíritas – de dizer que ignoramos os caminhos organizados e oferecidos por Jesus. O Evangelho é conhecido por todos, ainda mais que o mundo espiritual envia mensagens para a terra como se fossem chuvas de letras ordenadas e compreensíveis, de forma que o próprio ar está saturado dessa essência divina, que desperta, vigora e dá vida, para quem deseja, por amor, vivê-las.

Convidamos a todos para se juntarem a nós do mundo espiritual que nos dispusemos a não perder as pegadas do Senhor, para nos darmos as mãos com o vigoroso entusiasmo de compreender e servir, de amar a todos e a tudo, na expressão maior da fraternidade universal, para que em porvir bem próximo passamos, em uma só voz, dizer: estamos livres, porque conhecemos a verdade.

Estamos no século de duras provas, porém, igualmente de muita luz; nunca a humanidade viu tamanha misericórdia como agora. Compete a cada criatura aproveitar as claridades abençoadas que desceram – e continuam descendo – ao planeta, para o despertamento dos homens, de modo que eles possam conhecer, ou reconhecer, que Jesus é e será sempre o nosso Guia, o Pastor que não se esquece das suas ovelhas. Que Deus nos abençoe, para que não nos faltem a energia e o vigor da fé, a paz da esperança e a luz da caridade.

Não permitas que em tua mente renovada no bem entrem pensamentos que possam distorcer a verdade.

3 *Tentear Cauteloso*

O pensamento é o sinal de vida da criatura. O surgimento dessa força poderosa em nós ainda se encontra nas dobras do mistério, mas algum dia será revelado com o crescimento da alma que se move na carne. Examina o que escrevemos, com os teus próprios pensamentos, buscando compreender melhor o que deve acontecer quando pensas.

O pensamento é arte divina, é um espetáculo em nossa casa mental que, por vezes, não nos lembramos de sondar. Tudo se move pela força do pensamento e os desencarnados também trabalham com essa energia sublimada em todos os aspectos das funções a que foram chamados a servir.

Já experimentaste a força que tens em mãos? Vê a responsabilidade em dirigir teus pensamentos para tais ou quais destinos; eles são veículos da tua vontade.

O pensamento poderá fazer milagres, erguendo pessoas ou destruindo esperanças, dependendo de quem o emite e dos sentimentos que acionam essa força poderosa que vem de Deus com a nossa responsabilidade. A mente é, pois, um dínamo de luz, ou de trevas; é o canal que gera e que orienta o que pode vir de fora, transmutando-o dentro de ti para a paz do teu coração. A mente divina irradia forças sutis que escapam a nossa análise e, ao se apoderarem das nossas criações, tomem o rumo que o nosso despertamento alcançou pela maturidade.

Experimenta trabalhar com as tuas próprias forças, dirigindo tuas ideias para a paz das criaturas, inspirando nos outros o perdão, o trabalho honesto, a caridade e o amor. Esforçando-te nesse exercício, a lei de justiça devolverá aos teus caminhos o que doares aos teus semelhantes. Procura ensaiar teus pensamentos como ensina o Evangelho de Jesus, estabelecendo no teu mundo íntimo a harmonia, que ela garantirá para teus caminhos a paz e a esperança de viver.

Sê cauteloso em tudo que a vida te chamar; não desesperes nas tuas criações, porque toda violência destrói a alegria. Procura e experimenta a educação dos teus impulsos, diuturnamente. Esquece o que pode te magoar, magoando teus companheiros. Vê em tudo alegria, paz, perfeição e concórdia. Estuda a natureza, que ela dar-te-á lições grandiosas, desde o cair de uma folha, aos mundos que circulam no espaço. Sê cuidadoso no falar, pois somente se fala o que se pensa. A educação dos pensamentos atinge o verbo, o olhar e certamente todos os sentimentos.

O trabalho é demorado, mas, somente avança quem começa, e todo começo traz problemas, principalmente no que tange à educação do Espírito. Nem sempre dominamos os pensamentos; eles podem surgir do condicionamento de milênios. Estamos com um celeiro de ideias negativas na comunidade da mente e a consciência se encontra vazada de forças negativas, para serem esgotadas, e esse trabalho é nosso porque fomos nós que semeamos o inconveniente e agora estamos colhendo o incômodo.

Toda cautela é pouca no nosso aperfeiçoamento espiritual. Surge a nossa mente o grande horizonte da vida, a nos desafiar para a recuperação da própria estabilidade e há sempre o risco da rejeição. Consciência tranquila só se apresenta quando a alma conheceu a verdade e se tornou livre, pela limpeza dos entulhos das trevas, alcançando a luz pela vivência do amor.

Quando em trabalho na conquista da pureza dos pensamentos, acendendo sóis e estrelas no teu mundo interno, para que surja o céu no centro da tua alma, necessário se faz conhecer a vida e dominar o horizonte da mesma. Deus te espera e Cristo está anotando o que fazes dos teus pensamentos para a tua felicidade.

O pensamento é arte divina, é um espetáculo em nossa casa mental que, por vezes, não nos lembramos de sondar.

4 Teose Mental

A pureza dos pensamentos é, pois, condição de moralidade da criatura. A alma vestida dos fluidos da carne passa por duras provações, como lições que edificam no coração o bem sem exigências. O que chamamos de teose mental é a purificação da mente no que tange às ideias. Bem formadas, elas imantam todos os sentidos de energia divina, capazes de alegrar o Espírito em todas as investidas para o amor, condicionando vibrações no centro da vida, onde pode ser gerada a fraternidade pura.

É necessário que busques nas leituras educativas o esclarecimento, para que leves aos ambientes em que, pelas portas do sono, fores trabalhar no mundo espiritual, disposições positivas e comportamento sério, no que se refere à vida pura.

Ao levantares, não deixes que os teus pensamentos assimilem a maioria das ideias-formas que vêm a tua cabeça, carregadas do pessimismo que, por vezes, entram no intervalo dos teus pensamentos como sendo tuas. Trabalha selecionando, como selecionas o que vais comer, beber e vestir. Esse esforço deve ser diário, para que a tua vida seja cheia de bons resultados, constituindo teu o dever de trabalhar no teu mundo interno, em busca da perfeição espiritual. Acompanha os grandes personagens que a história universal registra, almas que deixaram um rastro de luz para nos ajudar a carregar a nossa cruz, no calvário da própria vida.

Somos atacados por pensamentos inferiores, que se movimentam na psicosfera da Terra, pelos encarnados e desencarnados ainda sob a influência das paixões inferiores, nas vinte e quatro horas do dia. Jesus foi o ponto alto do mestrado, no que diz respeito à libertação das criaturas. Observa Seus ensinamentos em espírito e verdade, e passarás a preocupar-te contigo mesmo, sem que o egoísmo te faça escravo do materialismo convencional e portador do orgulho, bem como aos corações que desconhecem a verdade.

A tua vida depende de ti. Procura descobrir as tuas forças, que quanto mais usá-las no bem comum, mais elas gerarão no mundo da tua intimidade. A teose mental é uma realidade no espiritualista que deseja melhorar porque, queiramos ou não, a marcha de despertamento é uma realidade na nossa vida; no entanto, poderemos acelerá-la com nosso próprio esforço individual, juntando experiências e acumulando luzes no celeiro da nossa vida.

Quando descobrires o teu *horizonte de vida*, quando assistires o sol da verdade nascer em ti, luzes e mais luzes aparecerão a te convidar para a felicidade que, se não existe ainda na Terra, já começou a aparecer pelo menos na mente dos de boa vontade. Eis a esperança do bom trabalhador no serviço da caridade, pela força do amor no coração. Sê um bom lutador, mas, começa dentro de ti mesmo, descobrindo as tuas potencialidades que, por vezes, dormem na tua intimidade, esperando o toque de luz, que o Senhor despertou na tua consciência.

Estamos em uma época, onde as duas humanidades se encontram para comemorar o dia da verdade, lançando mãos ao arado, sem olharem para trás. A tua mente gera pensamentos, que deves estudar de onde eles partem e como nascem. O teu esforço é valioso nesse sentido, e mesmo que os pensamentos surjam sem a tua participação no princípio, não deixes a boca anunciá-los para que não caias em novas tentações; concentra-te no bem e ama, que as forças superiores que dirigem e organizam todas as coisas te ajudarão em todos os momentos de aflições.

Deus nunca se esquece dos seus filhos, em qualquer condição em que estejam. E quem ajuda a si mesmo, recebe duas assistências: de Deus e dos próprios esforços; as duas, conjugadas, geram mais luz para a defesa de todos os interesses elevados, Os horizontes da vida deverão ser alargados pela disposição de todos nós, para a grandiosidade da vida imortal.

Começa hoje mesmo este trabalho de luz. Vê o que as tuas mãos, os teus pés e a tua cabeça estão fazendo. Remove, pela vontade, as ideias negativas, selecionando para o ninho da tua mente, a verdadeira harmonia de vibrações, que no amanhã ficará mais fácil a aquisição da tua felicidade, sentindo e vivendo o amor.

Sê um bom lutador, mas começa dentro de ti mesmo, descobrindo as tuas potencialidades que, por vezes, dormem na tua intimidade, esperando o toque de luz, que o Senhor despertou na tua consciência.

5 *Sabença Espiritual*

A Doutrina dos Espíritos tem uma missão valiosa, qual seja a de encaminhar o ser humano para o conhecimento, avançando mais um pouco para os *horizontes da vida*. Certamente que devemos conhecer as coisas que se referem à Terra como, por exemplo, o corpo físico que usamos; no entanto, não devemos ficar somente nisso. Lembremo-nos de tirar algum tempo disponível para o conhecimento da vida espiritual.

Convém saber porque a verdade tem força de libertar a alma na gradação que lhe é própria. Existem palavras de Jesus que devemos sempre repeti-las, para maior segurança das lições, como seja: "Batei e abrir-se-vos-á", "Buscai e achareis". Tudo, ou quase tudo, depende do esforço próprio de cada alma. Nós somos semelhantes. No entanto, cada criatura se encontra em faixa diferente de vida. Não se gasta tempo com Espíritos que não desejam melhorar; desses, o tempo se encarregará, como sabedoria e mesmo com justiça; porém, onde existe boa vontade, os nossos esforços não ficarão perdidos.

Desejamos que todos saibam da participação de cada

um no seu próprio adiantamento espiritual. Deus formulou leis capazes de fazer andar não somente as almas, mas tudo o que se encontra na criação, sendo que a marcha é lenta, para que possamos participar da nossa ascensão. Esforcemo-nos em todos os sentidos para que tenhamos a glória da participação no despertamento dos valores imortais do coração. Usemos da liberdade, mas, analisemos o que devemos fazer com ela, onde formos chamados: os *horizontes da vida* são vastos e convidativos, em direções inúmeras. Aproveitemos as oportunidades, porque esses ensejos passam e podem demorar a voltar à nossa procura.

Existem duas portas maiores que não devemos esquecer: o saber e o amor. Depois, esses caminhos vão se dividindo ao infinito, para maior grandeza daquele que compreende e vive esses mandamentos, servindo de multiplicador comum, para que cresçam as lições, atingindo a todos por lei de caridade. Quem sabe pode compreender melhor e sentir segurança nos seus caminhos; e quem ama está completamente em estado de alegria pura, por ser o amor uma semente divina que se multiplica nos corações amados, devolvendo à fonte as riquezas espirituais de que ele se faz portador.

Não percas tempo em discussões estéreis, que a nada levam: "jogar pérolas aos porcos", no dizer evangélico, é entrar em distonia inferior e ajudar as trevas naquilo que elas interessam fazer. Se queres entrar nos caminhos do saber, se queres paz em teu lar e no teu coração, semeia o bem; antes de pensar e falar, analisa o que vais plantar na mente alheia. Se ainda participas de reuniões nas esquinas e mesmo em casa, nos restaurantes e mesmo no lazer, onde procuras descansar com piadas picantes, estás iludindo a ti mesmo, porque atrairás o mesmo que pensas e falas. Os Espíritos que se aproximam das conversações são da mesma qualidade das sementes lançadas aos ouvidos alheios; isso é, pois, o semelhante atraindo semelhantes. Tem cuidado, porque estás igualmente fazendo uma corrente fluídica do ambiente que semeias em teu lar, para os teus familiares, teus negócios e para a tua vida.

Além de saturar o espaço com certas alegrias perniciosas, as más conversações são campos para as entidades malfazejas, que sempre exigem das fontes que as geram, quando se encontram com fome das paixões. As conversações inferiores não devem entrar em tua mente. Podemos aprender a não registrar o que ouves de mal, e abrires os ouvidos para o amor que se divide ao infinito, sustentando o bem comum e a fraternidade compensadora. Saber é muito importante; contudo, que seja a sabença da verdade, porque ela verdadeiramente torna livres as criaturas.

Se já tens alguns meses de Evangelho, não poderás alegar que não sabias das consequências do mal. Saber e amor, eis as chaves de luz para a tua paz interna.

Se queres entrar nos caminhos do saber, se queres paz em teu lar e no teu coração, semeia o bem; antes de pensar e falar, analisa o que vais plantar na mente alheia.

6 *Restauração Conveniente*

Estamos chegando na época de restauração em todas as modalidades que a inteligência nos convidar: Jesus é, pois, o Restaurador Universal das consciências.

Quantos milênios se passaram desde que os nossos caminhos se mostravam cheios de paixões inferiores e a nossa taça se transbordava pela força da ignorância, violência e maldade!

Chegou o momento da reparação espiritual. O convite já se encontra feito, dependendo da nossa disposição para as devidas renovações, encontrando em nós mesmos os valores da vida, pelo conhecimento que as leis nos apresentam. Estamos carregados de violência e não percebemos nossas próprias ações. Estamos cheios de orgulho e egoísmo, e não notamos esses monstros que corrompem os valores internos; e quando alguém de fora nos aponta as distorções da verdade, o apontamos como inimigo, como detrator. A calúnia, por vezes, encontra bases no caluniado.

Procuremos todos os dias analisar o que ouvimos, começando a reparação em silêncio, que seremos ajudados pelos agentes da luz, encarregados por Deus da assistência aos de boa vontade. Cada conserto que fazemos em nós mesmos é um ponto de luz que acendemos no coração, servindo de claridade em todos os nossos caminhos.

Essa é uma restauração conveniente, que podemos fazer sem que ninguém perceba. Anunciar as reformas internas é sinal que o anunciante ainda não se espiritualizou o conveniente, pois o bem não precisa de barulho. Deus registra tudo com eficiência, por muitos meios que desconhecemos. O alarde empana as claridades acesas pela benevolência em nós mesmos; somente a vaidade gosta de anunciar o que faz.

Tudo pertence a Deus; somos apenas seus filhos, que devemos imitar a natureza, que trabalha sem propaganda do que faz, sendo útil a todas as criaturas. Por que escondemos o mal? E se ele fica escondido, então bem não é, e não tem necessidade de revelação. O tempo grava tudo nas páginas do seu livro, como a consciência nada deixa passar em branco. Compete a nós outros trabalhar com amor, que esse amor nos revelará e nos mostrará a luz, imantando tudo em nossa volta com poderes espirituais, que nos defendem e nos alimentam eternidade afora.

Pensemos nas reformas que devem ser feitas e não deixemos para amanhã o que possamos fazer hoje, e a vida nos ajudará no restabelecimento das qualidades engendradas na nossa consciência. É bom que haja em nós vontade de nos persuadirmos a nós mesmos, em tudo em que vibra o bem, dignificando a vida pelos poderes úteis dos nossos pensamentos, aproveitando a fala na semeadura de luz, sentindo a nossa vida como sendo cópia da vida de Jesus.

Se ontem fizeste algum mal, repara hoje com o bem e continua nele, que as forças espirituais acompanhar-te-ão nos teus caminhos de ascensão. Esforça-te todos os dias que, com o passar do tempo, alguém no mais alto somará os teus esforços e receberás a palma da vitória do que desejas, no fundo do coração. Assim como estás convidado para a renovação, convida mais irmãos, não pela violência, mas pelo exemplo do que podes viver. A palavra quase sempre se envolve em agressões, e o exemplo se faz no silêncio, porém cala na profundidade, com voz suave, mas poderosa. Trabalha na reparação de ti mesmo, que sentirás grandes esperanças.

Se ontem fizeste algum mal, repara hoje com o bem e continua nele, que as forças espirituais acompanhar-te-ão nos teus caminhos de ascensão.

7 *Cascão Psíquico*

O cascão psíquico é muito discutido nas escolas espiritualistas. Dizem uns que, quando o Espírito desencarna, ele larga o corpo intermediário que chamamos de perispírito e parte para outra região mais espiritualizada. Outros enfatizam que os humanos, de tanto vibrarem em determinada forma, criam um fantasma astral, que pode persegui-los e mesmo arruinar a vida dos outros. Mas, na verdade, a história é muito mais complexa. Existem, de fato, muitos "fantasmas" por aí, perturbando a humanidade, mas os culpados desses escândalos são as próprias criaturas envolvidas na ignorância, sob o poder da própria mente viciada.

Na verdade, o cascão é produzido pelas mentes fanatizadas ou por Espíritos solidificados no mal. Existem muitas formas de criação desse trabalho orientado pelas trevas; uma que cria muitos cascões psíquicos é a ideia de que satanás tem vida e a ele é dada forma ilusória. Existem inúmeros desses cascões psíquicos por toda parte, e os espíritos trevosos usam essas formas para brincar com os encarnados e por vezes persegui-los. Também os trabalhos mal conduzidos, com a manifestação de Espíritos, fazem o mesmo. Esses cascões psíquicos, no passado, foram usados por "magos", para satisfazerem seus interesses pessoais ou de terceiros, em troca de alguma coisa que lhes satisfizesse os interesses inferiores.

No que toca aos Espíritos desencarnados, esses conservam o perispírito, por ser veículo necessário ao seu trabalho. Quando chegam a certa evolução, com normas de proceder elevado, havendo mudanças de plano eles deixam o corpo astral, mas não o deixam vagando, como afirmam muitos: desintegram-no, entregando à natureza os elementos que ela emprestou para tal missão. Imaginemos se os milhões que desencarnam por ano fossem deixar os corpos espirituais, que confusão não seria! Deus não deixa que isso aconteça; a natureza quer de volta o que emprestou a cada um para a sua renovação, aplicando os seus elementos no lugar que a Deus aprouver.

Quantos desejam crescer mentalmente, compreender as leis naturais, estudar vários livros sobre o poder mental, mas, se esquecem de obedecer a certas regras que acompanham a sabedoria! Não basta saber; é imprescindível saber aplicar o que compreendemos na arte da sabedoria universal.

A Doutrina dos Espíritos vem ajudar os homens pelas normas do bem proceder, para que as criaturas possam se libertar, ajudando igualmente os que ignoram a verdade.

Existem ainda os pensamentos-formas, que carregam consigo os sentimentos de quem os formou, e esses pensamentos se acoplam por sintonia, em pessoas idênticas; são como sementes que podem nascer e crescer, sendo que parte da responsabilidade é de quem criou e quando criamos pensamentos elevados, são sementes de luz que podem ajudar a muitos que sofrem e que procuram melhorar. Convém saber destas verdades porque, no momento da educação, saber é um passo a mais no autoaperfeiçoamento.

Deves animar a ti mesmo, contudo, não esqueças a energia, de modo a impor a vontade na hora certa, na tua educação, Estamos todos em uma batalha permanente e o maior vencedor é aquele que domina a si mesmo, aumentando o celeiro do coração e da consciência. Pense sempre no bom comportamento em todas as direções da vida, porque a sabedoria sem amor pode errar o caminho para a esperança. Confia em Deus, no entanto, não podes esquecer a confiança em ti mesmo e do trabalho constante na educação dos teus sentimentos.

A perda de tempo é atraso de vida; quem sofre menos é aquele que não para de se esforçar no bem comum; se tens medo da agressão do cascão psíquico, renova teus pensamentos todos os dias, conserta tuas atitudes ante todas as circunstâncias e não te esqueças do Cristo; acompanha-O nos seus exemplos. Quando estiveres pensando, lembra-te que as tuas ideias podem influenciar pessoas, como sementes que nascem e crescem e que o seu gerador responde pelos desastres que elas causarem e que serás feliz pelo bem que elas inspirarem aos outros.

Não basta saber; é imprescindível saber aplicar o que compreendemos na arte da sabedoria universal.

8 *Campo Magnético*

Os nossos horizontes poderão crescer a partir da posição em que nos encontramos, seja em Espírito ou como encarnados, dilatando-se. Em cada alma existe um campo magnético capaz de nos defender ou nos arruinar, dependendo da força que o compõe; e essa força é proveniente das nossas atitudes mentais.

A mente é o abastecedor do campo magnético da alma e a força que nos circunda é sustentada pelas nossas ações. Estamos todos na era do Espírito, donde surge a necessidade urgente da educação da mente, no que tange à vida. Comemos, pelo Espírito, o que pensamos; bebemos, pela alma, o que falamos e vivemos, em campo magnético, pelas nossas ações. Vejamos as responsabilidades que assumimos no percurso de cada dia e de cada vida; o que passamos de infortúnios e de felicidade é o somatório daquilo que pensamos e fazemos os outros pensarem.

Fomos feitos pela Divindade para nos emplumarmos cada vez mais. A lei nos ergue todos os dias, em lentidão tal que o Espírito, desperto, não deixa somente a natureza operar nos seus caminhos, fazendo a sua parte com discernimento, como sendo um empenho na sua consciência.

Observa o que pensas todos os dias, analisando sem pretensão, porque vivemos o que pensamos em se referindo aos outros; se queremos, mesmo inconscientes, prejudicar os outros, e estaremos fazendo a nós mesmos. Os pensamentos que geramos na nossa intimidade ficam ligados às nossas fibras mais íntimas, capazes de nos infelicitar ou de nos fazer felizes. Os sentimentos, no momento da geração das ideias, é que dão as diretrizes no roteiro da criatura, qualificando-as.

Quando o estudioso quer conhecer alguém encarnado, analisa o seu campo magnético, que é composto pelo que ele é. Ninguém consegue mentir para a natureza, que a tudo registra nos mínimos detalhes, por processos que, por vezes, desconhecemos. Se a luz registra todos os feitos da vida, também as trevas têm capacidade de moldar as nossas ideias ao saírem da nossa mente. Quem aprendeu a ler na natureza sabe disso; o próprio Evangelho nos afirma que nada que for revelado ficará secreto e ainda mais, a nossa consciência é um livro de Deus, que nada deixa escapar da nossa vida.

O que chamamos de campo magnético é, pois, a soma dos nossos pensamentos, das nossas ideias e das nossas falas; é a nossa vida nos acompanhando em forma de escriba, que a tudo anota para ser revelado no momento certo. Cuidemos do nosso campo magnético todos os dias, pois poderemos limpá-lo pela vontade, pelos processos ensinados por Jesus, tornando-nos grandes na modificação dos nossos sentimentos. Se os pensamentos são secretos, não o são para os mensageiros da luz, que nos aparecem em silêncio, dando-nos intuições de mudanças. Qual o contador de piadas picantes, que de vez em quando não se envergonha de si mesmo? Qual o contador de casos inconvenientes que não se envergonha de si mesmo algumas vezes por dia? Qual o assassino que não se arrepende dos seus feitos? O mal, como o chamamos, não sintoniza com a nossa consciência – lar de Deus, no centro das nossas vidas.

Devemos encorpar o bem em nós, para que o campo magnético cresça e nos sustente, garantindo nossa estabilidade emocional, fazendo-nos crer na esperança. Sabemos que a vida na Terra como encarnado é dura e cheia de influências perniciosas. Mesmo o campo magnético da alma, de vez em quando, é invadido por forças estranhas, que podem desarmonizar a vida do encarnado. No entanto, são testes que a natureza experimenta e é nesta hora que devemos movimentar o que aprendemos e reagir, analisando que a sintonia é um fato. Se no nosso mundo interno tem alguma coisa em comum com os invasores, eles ganharão terreno e a influência será maior na nossa mente. O vigiar e orar deve ser a tônica em ação; destruindo a sintonia, os invasores são vencidos. A moral evangélica é força soberana que mantém a harmonia do campo de força que nos protege na vida e para a vida.

Observa o que pensas todos os dias, analisando sem pretensão, porque vivemos o que pensamos, em se referindo aos outros.

9 *Ondas Inflexas*

As ondas que arremessamos para fora de nós têm poderes extraordinários na folha da nossa vida. São forças vivas que nascem em nós e que podemos, pelos sentimentos, delas apropriar como sementes que nascem e frutificam por onde têm a capacidade de passar. Essas ondas são elásticas, tanto distanciando de nossa personalidade, como a nós voltando com as suas congêneres, oferecendo-nos, por lei de justiça, as suas iguais. Compreende-se daí que a vida, em todas as suas instâncias, é o resultado de trocas com ofertas compatíveis entre si.

As ondas inflexas são resultado da lei; elas fazem curvas, indo e voltando pela lei de atração, e se sentem mais acomodadas onde foram geradas, assim como o filho sente mais prazer junto à mãe, que lhe deu condições de nascer.

Os *horizontes da vida* são extensos em todas as direções e nos mostram a própria vida na sua grandeza; ao entrarmos neles, sentiremos outras modalidades de vida. Para sermos felizes, haveremos de nos educarmos nas ondas da disciplina, que é rigorosa em todas as modalidades da vida, e que requer de nós educação dos impulsos. Se nos dispomos a ser úteis aos nossos companheiros em caminho, passemos a nos educar em todos os sentidos, porque a disciplina nos mostra as modalidades mais acertadas de amar.

Os pensamentos são ondas que partem da mente para dentro e para fora da personalidade, levando consigo o que o coração se dispõe a doar, o que o pensador tem a ofertar. Podemos enganar por algum tempo os nossos irmãos encarnados, mas nunca a Deus. A pessoa se revela pela emissão de seus pensamentos; a própria psicologia nos ensina a compreender logo com quem conversamos. Uma observação mais profunda de quem ouvimos e entenderemos com quem falamos, porque seus gestos e sua fala o denunciam. Se o raciocínio é pesquisador nas nossas comparações, ainda temos a intuição, que não deixa faltar a sua cooperação nesse trabalho.

As ondas que saem de nós não têm somente uma forma; são mutáveis, de acordo com os sentimentos. Não mudamos sempre de ideias? Cada uma vibra em faixa diferente, dando-se forma, irradiação e mesmo cheiro desiguais. A Doutrina dos Espíritos mostra, na atualidade, outra feição da vida e a sua emissão mais profunda é a de mudar, é a de fazer de um homem velho um homem novo, refundindo suas qualidades nas do Cristo de Deus. As mudanças de vida compõem a base; a velha casa mental deve ser destruída e, em seu lugar, devemos erigir uma nova, com outras perspectivas de crescer para Deus, na crista da onda nova. O progresso e a ordem nos fazem libertar da escravidão da ignorância.

Podemos mudar de pensamentos, palavras e gestos

em segundos, dependendo do que vemos, ouvimos ou lemos, e as vibrações passam a obedecer seus impulsos internos. O mundo se encontra como está, mais por falta de moral do que mesmo de alimento; por faltar mais educação dos sentimentos do que a água que dessedenta; por faltar mais disciplina do que mesmo o emprego; por faltar mais fraternidade e mais amor do que mesmo moradia com todos os requintes de conforto.

Não existe harmonia nas mentes e é por isso que o sofrimento campeia entre todas as criaturas, e a dor não vai deixar a humanidade por enquanto, a não ser que essa se eduque dentro dos moldes do amor. Quanto mais se abrem laboratórios para fabricar remédios, mais se assanham as doenças, para disciplinar os próprios fabricantes dessas drogas, e os que se encontram nos níveis da usura, do orgulho e do egoísmo. A dor somente cessará quando não houver mais necessidade da sua lição. Urge compreender o Evangelho da natureza que está com suas páginas abertas, mostrando as leis que falam em silêncio, para que as almas cresçam e sejam motivo de felicidade, com o Cristo nos corações.

Não deixemos escapar ondas da mente que não sejam de amor, de paz e de educação, de fraternidade e de caridade, de sorte que as sementes semeadas possam nos trazer frutos de esperança.

Passamos a nos educar em todos os sentidos, porque a disciplina nos mostra as modalidades mais acertadas de amar.

10 *O Pensamento Criador*

O Espírito pode e deve libertar-se de tudo o que o circunda; no entanto, do Criador ele é e será sempre dependente, para a eternidade. Tudo o que se move na criação tem como impulso o Pensamento Criador, tudo nasce dos impulsos mentais de Deus, se assim podemos falar.

Os seres humanos já percebem na formação dos seus pensamentos "o pensamento de Deus"; Ele, de certa forma, faz parte das nossas ideias, porém, existem intervalos na faixa do pensamento em que o Senhor faculta aos nossos sentimentos espirituais a liberdade de expressão.

Estamos, como já falamos, no século do mentalismo e quantas pessoas, nas suas interrogações, questionam de onde vêm os nossos próprios pensamentos. É um bom questionamento, porquanto essas almas já confiam que não são apenas elas que geram os pensamentos, e se encontram procurando a fonte verdadeira das suas próprias ideias.

Como é sublime esta ciência, que é a ciência da vida! É uma filosofia de vida da qual pode nascer a nossa felicidade, que começa na pureza dos nossos sentimentos. Segue-se daí que a nossa paz depende de nós, porque

Deus já fez a sua parte em nosso favor e, se buscarmos mais profundamente, notaremos que os nossos desacertos servem para o nosso aprendizado. A vida é sempre uma escola e a natureza, nossa professora que nunca erra, por ser ela firmada pela mente do Criador.

A mente da criatura comanda todos os corpos que lhe atendem as necessidades. O Espírito precisa de muitos corpos intermediários, cujas funções são múltiplas no engenho da vida; entrementes, a força mental é que dá a eles vida e movimento, ordens e comando, para que sirvam de instrumentos fiéis à sua orientação. Quando a mente fraqueja, eles são acionados por forças estranhas, às vezes por inimigos espirituais, que passam a dar ordens para eles, e com o tempo desacostumam-se com as diretrizes do seu dono. Muitas possessões podem se encaixar nesta verdade.

Não te esqueças dessas verdades e começa a comandar os teus corpos. Esse exercício pode ser feito todos os dias, até completo domínio, para que o escravo não mande no seu senhor. Dá ordens aos teus órgãos igualmente, que eles te obedecerão e, se nas primeiras vezes, não der resultados, continua, que com o perpassar do tempo, tudo entrará na harmonia, porque teus corpos, sejam eles quantos forem, são teus cativos. Assim, como não podes libertar-te do Pensamento Criador, eles, teus corpos espirituais, não podem se libertar de ti, que diante deles é o criador.

A tua felicidade depende do teu modo de vida. Existem já muitas criaturas na Terra conhecedoras desta verdade. Sê mais um, engrossando as fileiras dos libertados, no sentido de que em breve o mundo será um paraíso, onde o amor será o alimento das almas e a fraternidade a água de luz para saciar a sede de todos os seus ocupantes.

Se desejas melhorar a tua vida, escuta o que falamos, porque o fazemos por amor a todos que carregam no mundo um corpo físico. Não estranhamos o que estás passando, pois são consequências, por vezes, do passado distante ou resultado de processos de despertamento espiritual. Os que já passaram por esses caminhos sabem o quanto vale a tolerância.

Na profundidade do conhecimento sobre Deus, sabemos que Ele não pensa, Ele não fala. Ele não escreve, Ele não raciocina, porque Ele é. Tudo o que falamos sobre essa personalidade incomparável, O estaremos diminuindo. Falamos do "Pensamento Criador" por não termos outro vocabulário que expresse a grandeza d'Aquele que tudo fez por processos desconhecidos aos homens, mesmo os de ciência, que se confundem ante a sabedoria do Grande Soberano. Cuidemos, pois, das nossas criações, porque as de Deus nunca falham.

A tua felicidade depende do teu modo de vida.

11 *A Luz ao Nosso Alcance*

Em torno de nós existe um turbilhão de vidas que podem trabalhar em nosso favor, se encontrarem ambiente favorável à disposição de ser útil. E ainda mais, dentro de cada um de nós o céu se encontra com mais facilidade, pronto para nos entregar a vida, no rejuvenescimento de todos os nossos corpos, imantado de esperança com o amor de Deus.

Podemos curar pela forma interna e temos notícias desta verdade, pela força poderosa da fé. Jesus salientou esses poderes dizendo aos que curava: "a tua fé te curou!" Por que não exercitar essa fé não somente na cura dos nossos males, mas para resolver todos os nossos problemas, como para renovar a nossa vida e conhecer as leis do Criador?

A vida tem sequências intermináveis, que passam pelo nosso íntimo sempre e sempre, buscando essas mensagens porque, se a natureza nos oferta essas lições, a nossa consciência tem cópias delas em letras de luz, para que não percamos o caminho em busca do nosso próprio Deus, aquele que nos fez e ampara sempre.

Em torno de nós está a luz, como testemunha do que

fazemos e como livro que podemos ler, como sendo teorias de todos os conhecimentos. Busquemos estudá-las, que elas nos levarão ao estudo interno, formulando conceitos altamente divinos e predispondo a nossa vida para o bem imortal. Comecemos pelos canais do desprendimento, ajuntemos forças provindas do perdão e não nos esqueçamos da caridade: portas abrir-se-ão, vislumbrando a grande esperança dos princípios libertadores.

Tudo o de que precisamos se encontra ao alcance das nossas mãos, como o ar, por exemplo, que respiramos. São doações de Deus para todas as criaturas, sempre a mesma oferta para todos; no entanto, o verdadeiro sábio tira desse ar algo a mais que o homem comum não compreende, porque a justiça funciona em toda parte. Assim com a água, com os raios de sol, com o magnetismo superior, com, enfim, tudo que nos circunda. Entretanto, a ciência que levou o sábio a saber retirar vida desses elementos e dessas oportunidades, não lhe foi entregue como bênçãos sem esforço, sem dor e sem sacrifícios; tudo tem um preço a ser cobrado e mais tarde o homem comum deverá compreender essas verdades, que o tempo lhe ensinará a viver melhor.

A Doutrina dos Espíritos, cujos horizontes o progresso soube esticar, está trabalhando essas almas de boa vontade, no sentido de aprenderem a viver com mais acerto, educando seus sentimentos e disciplinando seus impulsos. Quem ama na expressão profunda do termo, passa a conceber verdades que muitos ignoram.

O homem deste século, que já despertou para os

conhecimentos espirituais, deve ser fecundado pela natureza divina, como o seu corpo o foi, dando-lhe expressão física. Com essa fecundação, conceberá a vida na dimensão do amor, onde não faltará a ciência de Deus. Essa aquisição é trabalhada pelo tempo, com as bênçãos do esforço próprio.

Começa hoje a trabalhar na iluminação interior, porque já leste muito sobre o assunto, sobre valiosas forças internas e somente tu poderás iniciar tuas multiplicações. Em torno de ti está o céu, reflexo do céu interior. Quando perceberes essas verdades, florescerá em teus lábios a alegria pura, que emana do teu coração em festa. Tu és, pois, o deus desse céu que sempre se encontra interligado com o Criador de todas as coisas.

O Cristo interno está te convidando para a glória da vida, no templo do teu coração; busca e acharás, pois aquele que busca somente as glórias externas é o verdadeiro cego que não pode enxergar. Ao abrir os olhos, pelas mãos de Jesus, ele passará a ver as belezas na sua própria intimidade e, livre do egoísmo e do orgulho, gritará em altas vozes: "encontrei a verdade e ela me tornou livre".

Por que não exercitar essa fé não somente na cura dos nossos males, mas para resolver todos os nossos problemas, como para renovar a nossa vida e conhecer as leis do Criador?

12 *Função da Virtude*

Virtudes são qualidades morais que a alma deve exercitar a cada dia, em proveito da sua própria vida. A criatura virtuosa assegura força poderosa na sua vida que lhe faz alcançar um bem-estar indizível, na intimidade do coração.

A pessoa que descobre essas qualidades espirituais e passa a despertá-las na sua consciência se posiciona na faixa de "o homem vencendo o homem". A princípio, somos duas personalidades distintas, em que uma deve vencer a outra, fundindo forças e alargando *horizonte de vida* para o porvir cheio de esperanças. Quando se consolida o amor no coração, tudo melhora nos nossos caminhos, tudo agrada nos nossos trabalhos, tudo se aprimora dentro e fora de nós. E a alma fica revestida de uma luz – senão de uma energia divina – que lhe protege em todos os lances de sua vida, mostrando ainda aos outros que vale a pena se entregar a esse trabalho de autoeducação, assim como disciplinar todos os impulsos inferiores.

A função da virtude é a de libertar as criaturas dos cansados trilhos das ilusões e do enfado torturante das paixões inferiores. É nessa linha de vida que Jesus desponta nos nossos horizontes com os braços abertos, convidando-nos para muitas reformas morais e mudanças de vida. Na verdade, é um trabalho engendroso, porém, é nesta dificuldade que o Espírito encontra forças para lutar com os seus maiores inimigos, na maior das batalhas que ele deve enfrentar, que é a guerra consigo mesmo. E é pelas estradas dos sentimentos que devemos transitar, encontrando as manifestações de todos os tipos de desejos provocantes testando-nos as forças e nos mostrando as mensagens para a nossa libertação espiritual.

Consolidemos nossas experiências no bem comum e acostumemo-nos com Jesus e seus emissários, para que a vida possa entregar-nos os frutos das sementes que semeamos por onde transitamos. Escolhamos o que semear, compreendendo que ninguém engana a Deus; somente recebemos o que merecemos, não existindo um ponto, por pequeno que seja na criação, em que não haja justiça integral, dando-nos aquilo que pedimos pelos pensamentos, palavras e vida.

Procuremos, por todos os dias, a amenidade nas conversações, mas que elas não possam ser de má interpretação da bondade, pois a conivência é perigosa, para os que estão envolvidos na ignorância. A função da virtude pura é despertar cada vez mais no ser humano e espiritual maiores qualidades de vida, dando-lhe forças na educação e disciplina. O próprio corpo costuma rejeitar esse trabalho de luz, por estar acostumado em padrões vibratórios inferiores. Não esqueçamos disso.

A afabilidade é gesto valioso para todos os seres, no entanto, devemos corresponder às necessidades do companheiro com maior firmeza, para que ele entenda que não somente o sorriso espontâneo de amor aprova o que ele se dispôs a fazer da sua vida, mas que seus pensamentos e palavras não esqueçam a moral cristã. Irradiemos a brandura com nossos colegas de caminho, entretanto, não deixemos que eles entendam, erroneamente, que estamos aprovando seus conceitos equivocados ou o anedotário infeliz que externarem. Tenhamos elegância com todos no falar e no sentir suas conversações, mas, se as más conversações surgirem nos momentos, mudemos de assunto que eles perceberão que não nos interessamos pelos assuntos.

Devemos nos encantar com a natureza em todos os seus aspectos, lendo nela a mensagem de Deus. As crianças sempre nos oferecem mais vida pelo que elas são de simplicidade e candura. Sejamos suaves e benfeitores para todos os lados e procuremos mudar de assunto no grupo a que pertencemos, quando, porventura, certas criaturas se lembrarem do seu costumeiro falatório em que envolvem a vida alheia.

A função da virtude é a do sol, que ajuda onde seus raios conseguem chegar, é qual a chuva e o ar. Jesus foi a personificação das virtudes espirituais, salientando com mais evidência o amor.

Quando se consolida o amor no coração, tudo melhora nos nossos caminhos, tudo agrada nos nossos trabalhos, tudo se aprimora dentro e fora de nós.

13 *Erguer Ideias*

O tempo nos convida para erguermos nossas ideias no padrão que compensa edificar nossa vida. Quantos milênios comerciamos, distorcemos e destruímos, com as nossas ideias saturadas de magnetismo inferior?

É tempo de mudanças, porque é de nosso entender que as nossas ideias são sementes que passamos a semear. E elas, como nossas filhas, sempre retornam à casa paterna, por comungarem conosco na pauta da nossa vida. O que nos acompanha depois do túmulo são elas, em forma de ações, no que tange às vivências. Elas são nossas testemunhas onde quer que seja, onde seremos conhecidos pelos nossos pensamentos.

É hora de nos levantarmos, fazermos um balanço do que fizemos, analisarmos o que devemos fazer e não perdermos tempo, porque o tempo passa. É bom que compreendamos que nem o corpo físico é levado depois que deixamos o mundo material. Por que o apego às coisas da Terra? Por que apegamo-nos desequilibradamente às pessoas? É uma dependência e um costume inútil, que nos faz sofrer. É de grande valia pensarmos e sentirmos o amor universal, que a tudo cede, dá, compreende, perdoa e confraterniza.

O momento é de elevação das criaturas, em todas as religiões e filosofias espiritualistas. Jesus é o Pastor de todos os movimentos de vida. Para alcançarmos voo à procura da libertação, sigamos o Mestre, que Ele é o libertador de todas as criaturas e nos fornece todos os meios, por exemplo de vida, que devemos trilhar.

O dever das criaturas despertas é erigir edifício novo no lugar da casa velha da mente, construindo ideias que nos possam conduzir à esperança que nos indicará a felicidade. Edificando o bem comum, ele assegurará as nossas consciências para a verdadeira paz, aquela que não se esquece do trabalho. Ergamos a mente para a frente e para o alto, em busca de nós mesmos, de conhecer todo o terreno da nossa intimidade, procurando educar-nos. A vida será, então, educação, para que depois possa vir a sabedoria, de onde possamos saber usá-la para a luz dos nossos caminhos.

Cumpre-nos o dever, como um daqueles que se dispuseram a ajudar os corações na Terra, de insistir, por todos os meios, no sentido de acordar as criaturas que dormem e estão preparadas para tal mister, de procurar a vida espiritual, reparando os maus hábitos e edificando novas ideias na estrada do coração. Compete àqueles que estão estagiando no mundo por algum tempo, ouvir e procurar esforçar-se, porque o tempo da existência da escola diminui cada vez mais, com as frequências que aí estão. O amor do Cristo é qual chuva de luz que não cessa de ensinar mas, se não quisermos aprender, poderemos depois clamar "Senhor, Senhor!" e não ouviremos resposta que nos agrade. Os destinos das criaturas rebeldes não são agradáveis ao coração.

Ergamos as ideias, cremos com honestidade e trabalhemos no mundo interno para modificar o que temos para fazer em nome d'Aquele que é o Caminho, a Verdade e a Vida. Permita Deus que as lições renovadas da Doutrina Espírita sejam ouvidas e que o rebanho de Jesus seja fiel ao Comando Maior, trabalhando e lutando para estabilizar a luz na consciência e a paz, com trabalho, no coração.

Ergamos a mente para a frente e para o alto, em busca de nós mesmos, de conhecer todo o terreno da nossa intimidade, procurando educar-nos.

14 *Engano de Muitos*

Apoiei-me no Cristo para escrever e não quero mais sair da sua sombra benfeitora, assinalando cada vez mais a minha fidelidade ao seu exemplo de luz. Confiro todos os dias a minha honestidade aos meus compromissos e quando passo a esquecer o prometido, volto começando de novo os trabalhos com mais intensidade, de modo que o amor fecunde todos os meus esforços.

Não estendamos os braços ao engano, o que os faz sofrer. Se já estamos acolhidos pela Doutrina dos Espíritos, por que esquecê-la? No seu seio, Jesus renasce fulgurante e feliz, fazendo reviver todos os seus pensamentos, e ainda mais, as páginas enviadas do Além dizem aos homens o que não foi registrado pelos apóstolos e estão gravadas no éter cósmico, de maneira que a sua leitura está à disposição para quem sabe ler no livro da vida, onde Deus escreve pelas mãos das suas leis naturais e eternas.

O engano de muitos é pensar que enganam a Deus, escondendo-se "atrás da porta", pensando e fazendo acusações aos outros, alimentando paixões inferiores que destroem sua própria paz. Quanto mais se tenta esconder de Deus, mais se mostram as intenções, senão os feitos. Quando a alma descobre essa verdade, começa a lutar não com o mundo exterior mas, dentro de si, batalhando permanentemente. Enfraquecer-se é entregar-se ao desânimo, que se mostra um carro lento na subida; o vencido sofre mais e o vencedor não tem tempo de pensar nas influências dos outros.

Compreende os outros pelo que eles são e faze o melhor em favor dos que te perseguem e caluniam. Quando o perseguidor se sentir amado pelo perseguido, o seu coração dará sinal de melhora, pela força do perdão, e passará a entender o valor da fraternidade. Jesus espera pelas nossas decisões, porque fomos feitos para a luz do bem. Se entrarmos noutros caminhos, voltaremos sacrificados pelos nossos erros, até encontrarmos os caminhos da redenção espiritual. Certifiquemo-nos de que a nossa vida jamais saia da vida de Deus, na qual recebemos todo amparo e toda a felicidade.

O engano de muitos está na ignorância, por lhes faltar a maturidade espiritual. Quando acordarem, sentindo o amor do Pai Celestial, a consciência gritará: "avançar!" e o coração se abrirá em flor, entendendo e amando a Deus em todas as coisas. O acordar para a luz é, pois, o germe de vida e da vida, e quando o embrião começa a crescer, a alma passa a ser dotada de conhecimentos, a ser adulta, pelo tempo de maturidade.

Formemos causas geradoras de virtudes, assegurando que os efeitos não serão de outra espécie, sempre correspondendo à fonte. A água retirada de uma mina pura mostra de onde veio e fala da sua gênese.

O engano teve seu tempo, envolvido nas teorias; quando passamos à vivência de coisas elevadas, a verdade se apossa de nós, como nós do cobertor na época de frio, do ar que respiramos e do próprio corpo que nos protege e nos envolve nas experiências da carne. Somos protegidos pelo que somos. O boi que sai do trilho que o vaqueiro determinou é perseguido pelo ferrão.

Devemos avaliar, todos os dias, a vida que levamos, e somar os efeitos, esperando o resultado dado pela consciência, sem contrariá-la. A humanidade se encontra na chocadeira da Terra, que espera seu novo nascimento. Não somos todos da mesma época, mas, todos deveremos nascer e quando deparamos com a luz do dia, não desejaremos voltar para as trevas onde nos encontrávamos.

Estima essa conversa e sai da escuridão, porque já estás gerado. Abre os olhos e vem para a luta, que o céu não se encontra longe da tua vida. Comunguemos juntos e façamos o melhor, para que esse melhor nos atenda e viva pela vida eterna. Todo engano é passageiro, e todo acerto tem raízes na eternidade.

Quando o perseguidor se sentir amado pelo perseguido, o seu coração dará sinal de melhora, pela força do perdão, e passará a entender o valor da fraternidade.

15 *Imperar Sobre Si Mesmo*

Os *horizontes da vida* são inúmeros e variáveis. Cada um traz para a alma meios pelos quais se processa o despertamento espiritual, armazenando conhecimentos e estendendo compreensão por todos os lados.

A alma deve imperar sobre o seu próprio mundo, estabilizando a harmonia na consciência, senão na cidade do coração, para que seja no decorrer da vida, bem-soante, mostrando a quem quer que seja a educação que já granjeou no perpassar dos evos e, que quem despertou para Cristo é sempre afável nas conversações, não esquecendo a energia, quando pede a situação, sendo ameno em todas as circunstâncias e firme quando requer o momento. O corpo físico, senão os corpos espirituais, são mundos que devem ser governados pela alma a eles ligada pela junção divina, para a sua marcha de ascensão, e nesse clarear das luzes, o somatório de educar e instruir se faz dentro do esforço individual, impulsionado pela maturidade que se lhe deu o tempo.

A Doutrina Espírita é, pois, um canal por onde fornece instruções para todas as necessidades do Espírito em função educativa na face da Terra. Aquele que deseja aprender deve se preparar, desenvolvendo condições na sua própria intimidade de trabalho, que estimulem o progresso de amor e, que clareiem a compreensão, e de perdão, que faz amigos. Nestes impulsos santos, a paz vai chegando ao coração, tranquilizando a consciência.

Confere todos os dias teus sentimentos e vê se eles se encontram na mesma faixa dos preceitos do Evangelho de Nosso Senhor. Compadece-te de ti mesmo, transformando o ódio em fraternidade, a violência em respeito aos direitos dos outros e a injúria em caridade. Deixa os outros perceberem a tua luz espiritual, sem que fale a tua boca mas que a tua intenção seja um halo de amor para a humanidade em tuas mãos, irradiando o melhor da tua intimidade em favor dos companheiros que contigo andam em caminho.

Procura imperar a fé sobre ti mesmo, de sorte a elevar a tua condição espiritual, sempre doando o de mais sagrado àqueles que buscam em ti a paz. Se a vida te procura, e ela se te apresenta como uma escada, em muitas dimensões, por que não aproveitar? Trabalha com discernimento e faze da honestidade teu cajado igualmente de luz, de maneira que ele ilumine a tua própria vida, bem como a vida dos que precisam do teu amparo. Os outros são como tu e, entrelaçados, compõem a grande corrente de vida maior.

O egoísmo é verdadeiramente uma chapa, que deve ser combatida, para que se transforme em serviço benfeitor. O desprendimento, com acentuado bom senso, nos leva a sentir que todos os Espíritos e mesmo todas as coisas são nossos iguais na esteira da vida eterna. Fugir dessa lei é ficar só, sofrendo para aprender a amar. Sê útil em qualquer lugar, compreensivo em todas as situações e confiante em todos os momentos. Conserva a serenidade diante de todos os problemas que a vida te confere, pois eles nos vêm trazer luzes, se soubermos estudá-los.

Nós, Espíritos desencarnados que recebemos a incumbência de escrever aos homens, estamos ligados a todas as criaturas pelo dever de servir. O mundo se encontra cheio de convites para a desarmonia, bem o sabemos; no entanto, Jesus sempre aparece no meio delas para nos convidar a crescer amando porque, em nosso estágio evolutivo, não há elevação sem esforço, sem dor e sacrifícios. A salvação virá de ti mesmo, da tua decisão ante a tua própria necessidade de libertar-te. Cristo é o horizonte maior de vida, a nos mostrar mais vida. Ele se configura para todos nós, encarnados e desencarnados, o próprio Deus, estendendo os braços de luz para nos acolher. Sejamos fiéis a seu comando e fortes na disposição de compreender os desígnios de Deus. Quem tarda em servir é lento no despertar de seus valores imortais.

Conserva a serenidade diante de todos os problemas que a vida te confere, pois eles nos vêm trazer luzes, se soubermos estudá-los.

16 *Confeccionar Pensamentos Nobres*

O dever maior do cristão é encardumar, em seu próprio mundo, pensamentos nobres, de modo que eles possam servir de força para a sua própria ascensão. A mente torna-se uma fonte daquilo que desejamos aglomerar e os pensamentos criam formas de sensibilidade incrível, que obedecem ao comando da mente, de onde são guiadas como um aparelho em que as microondas traçam o roteiro.

O cuidado que devemos ter com as nossas criações é muito grande, porque elas podem nos dotar de paz ou de guerra, podem nos ofertar saúde ou doença, podem nos atormentar ou favorecer o nosso íntimo de paz espiritual, dependendo do modo pelo qual formemos as ideias, que são as nossas filhas.

Pela história universal, encontramos personagens em todo o mundo que deixaram para a humanidade traços de luz, pelos seus pensamentos, pelo exemplo dignificante, pela sua vida reta no estímulo ao verdadeiro amor. Analisa, ao deitar, o que pensaste e falaste durante o dia, começando a corrigir-te. Se tens algo a consertar, será nesse esforço que alcançarás a pureza de sentimentos capaz de te levar à tranquilidade espiritual.

O Espiritismo, na feição do Cristianismo, vem trazer aos homens as lições que eles deveriam aprender depois do túmulo, isso falando dos de boa vontade. Ganha tempo, abraçando a Doutrina dos Espíritos e entrando pela porta da codificação, armada pelas mãos benfeitoras de Allan Kardec.

Em tudo que fizeres, pensa primeiro na perfeição, desde os primeiros anseios no trabalho, nas relações com os familiares, na conduta com os outros... Começando com o mínimo, para que no máximo seja garantida a harmonia, expressando, assim, as coisas espirituais, que vêm como dádiva. Precisamos de harmonia na mente, para que todos os nossos corpos espirituais se harmonizem também, porque daí nascerá a felicidade; esse é que é o céu dentro de nós.

Não tenhas medo de trabalhar na própria intimidade, porque somente tu podes, como engenheiro da vida, construir a tua própria vida de paz. As forças exteriores somente te ajudam, dando em teu favor os primeiros passos. Trabalha, que os céus não te esquecem; anda, que os caminhos tornar-se-ão mais curtos para a grande chegada. A consciência é como que um universo onde as leis transitam com todo vigor, esperando a tua ação para te ajudar ou te condenar. Quando procuramos a paz por fora, sofremos por dentro, e quando construímos a paz por dentro, as forças exteriores obedecem à luz interior, selecionando o ambiente que o empenho do coração atrai.

O primeiro esforço é acastelar os mínimos impulsos do bem, porque o próprio oceano se divide e se aglomera com os pingos de água. A lei é, pois, a mesma: a nossa vida e a nossa felicidade serão construídas de simples pensamentos nobres, formando um todo de luz que nos garantirá a tranquilidade de consciência. São *horizontes da vida* a nos aparecer pelos esforços de cada minuto, de cada hora, de cada dia, em sequências intermináveis, mas que agradam ao coração em Cristo.

Quem agrega atos louváveis encontra e aglutina amor em torno da sua própria vida, tornando-se uma fonte onde muitos podem saciar a sede da própria vida. E ainda mais, acontece o fenômeno externo de conglobar inúmeros companheiros espirituais da mesma faixa de vida, a aumentar a sua felicidade.

Devemos coordenar nossos pensamentos com habilidade cristã que eles, educados em Jesus, nos salvarão de todas as investidas das trevas. O trabalho maior da nossa parte é mesmo conosco, sem que haja egoísmo. Pensando no bem-estar geral, o universo se encontra em harmonia, pois todos os mundos e sóis são obedientes ao comando do Criador. Somos mundos e sóis que devemos obedecer às leis e vivê-las, para que a tranquilidade em nós seja uma modalidade natural nas nossas vidas.

Não devemos nos esquecer que somos os artífices – depois de Deus – da nossa felicidade. Eis as nossas mãos! Trabalhemos! Eis as nossas mentes! Confeccionemos pensamentos puros, que eles nos libertarão.

Devemos coordenar nossos pensamentos com habilidade cristã que eles, educados em Jesus, nos salvarão de todas as investidas das trevas.

17 *Rasgando Véus*

No sentido comum da expressão, devemos repetir a frase que nos leva à esperança: rasgando véus, à procura dos segredos do mais além. Segredos que, ao desvendá-los, não devemos alardear desenfreadamente, mas somente para aqueles que estão preparados para ouvir como disse Jesus, para "os que têm ouvidos de ouvir".

Os dedicados ao estudo espiritual conhecem bem os instrumentos de que precisam os Espíritos no mundo da carne, além do corpo físico. De início, deve-se conhecer a necessidade de harmonia dos corpos, para que se opere a paz na alma a eles ligada por fios tenuíssimos e que por eles, recebe o corpo o comando da alma, na função benfeitora do aprendizado. À vista disso, deve-se compreender o empenho na educação dos sentimentos em todos os campos que deve se postar, além de rigorosa disciplina espiritual, em plena concordância com as leis espirituais, disseminadas por Deus onde haja vida. Essas leis são como que computação perfeita, que fornecem a Divino Senhor todas as notícias de todos os comportamentos daqueles que já despertaram pelos processos da razão. Em vista disso, é que o véu se rasga mostrando, principalmente aos espíritas, os processos de obsessão, como são variáveis nas criaturas. O comando dos corpos que sucedem corpos é, pois, da alma. Eles são cativos, que não podem nem devem ser comandados por outros; se assim acontecer, as forças mentais entrarão em distúrbio. Em muitos casos, em que a mente está conturbada por pensamentos inferiores e os sentimentos envolvidos em paixões onde as trevas se encadeiam, alguns dos corpos que servem à alma podem ser dirigidos por Espíritos inimigos, recebendo deles ordens e passando a obedecer-lhes, em contraposição ao comando do Espírito que, mesmo na inconsciência, tenta comandá-los. É, pois, um processo de obsessão difícil de ser contornado, porque os dirigentes das sessões quase sempre desconhecem essa verdade. É quase sempre nesse sentido que não devemos vangloriar virtudes que, por vezes, não temos, abrindo, assim, campo propício ao desgoverno de alguns dos corpos que usamos, com a finalidade de despertar os nossos valores espirituais.

É necessário que tomemos atitudes sérias no que diz respeito à harmonia da nossa mente, observando o cuidado no pensar, no sentir, no falar e, certamente, o cuidado na própria vida, desdobrando esforços em todos os rumos ao alcance das forças na educação mental e na vivência dos ensinamentos de Jesus Cristo.

Devemos estar prontos para rasgarmos véus, porém, bem preparados para encarar as leis face a face, porque elas são verdades que podem nos ferir, quando não estamos com certos preparos. Qualquer pensamento negativo que surgir em nossa mente envolve os nossos corpos com a substância que os sentimentos engendram, dando e fazendo caráter as nossas ideias. Eles são sementes que lançamos no terreno alheio ou, então, volatizam-se no espaço à procura dos seus semelhantes, costumando voltar agregados com outros companheiros da sua mesma vibração, tornando a fonte ainda mais poluída do que antes.

A nossa meta é o aperfeiçoamento espiritual; assim, sendo, devemos procurar todos os meios honestos e úteis para a autoeducação das faculdades que, por vezes, dormem no centro da nossa vida. Os véus vão se abrindo de acordo com a nossa elevação, é o "buscai" de Jesus, é o "batei" do Mestre, é o "pedi" do Senhor. Entendendo esses valores espirituais do Evangelho, a verdade chegar-nos-á na sequência das nossas necessidades e a luz se fará para a nossa paz. Se queres que se rasguem mais véus, não deixes teus braços cruzados; exercita-os no bem comum, compreende o que deve ser caridade e ama sem distinção, que as portas se abrirão e poderás entrar, aprendendo mais, diante do grande professor que se chama tempo. Mas, não te esqueças de uma verdade, para que não percas os frutos: não deves apregoar a esmo o que sabes; a ostentação é ilusão que desaparece com os raios do sol da verdade.

Não deixes teus braços cruzados; exercita-os no bem comum, compreende o que deve ser caridade, e ama sem distinção.

18 Cochilo de Muitos

Estamos avançando frente aos *horizontes da vida*, para que possamos ganhar mais vida na vida de Deus. Entretanto, é bom que entendamos que em todo trâmite encontramos obstáculos que nos fazem distrair das nossas obrigações e, quando isso acontece, haveremos de começar de novo nossos avanços.

Compete a cada criatura apurar a razão e fazer do bom senso o instrumento de vigilância entremeio às duas forças: uma que nos impulsiona e a outra que nos estimula a recuar.

O descuido dos nossos deveres ante a Vida Maior pode nos custar caro; certamente que nos ensina alguma coisa, entretanto, se já nos libertamos do atraso, busquemos com discernimento, que a vida nos responderá com a verdade e seremos capazes de compreender, sentindo o Cristo no coração. Devemos nos esforçar todos os dias, porque o aprendizado espiritual é eterno, nunca deixando de aparecer algo que não foi visto nem entendido, nos servindo de força renovadora para as almas. Não devemos nos preocupar em sugerir aos outros isso ou aquilo, mas somente fazermos o ambiente para que eles entendam a verdade; porém, as lembranças em relação a nos mesmos são necessárias, para que possamos sentir o amor e tomar possa da verdade que passamos a assimilar pela maturidade espiritual. Em muitos casos, a lerdeza da alma é por falta de boa vontade, movimento esse individual, que somente pertence a nós mesmos.

O Espiritismo, impulso urgente de Deus para a humanidade, nos mostra os caminhos; entretanto, cada criatura é que deve segui-lo, aproveitando todos os ensejos, aumentando o celeiro de valores espirituais, capazes de mudar o comportamento que não esteja em plena sintonia com os ensinamentos do Divino Mestre. Muitos desprezam, de certo modo, as teorias, apontando a vivência como o melhor; certamente que é, mas a teoria é o primeiro passo para a vivência. São duas etapas que correspondem aos anseios do coração bem formado no Evangelho. As vias morais são inúmeras e devemos palmilhá-las com o maior respeito e dedicação. Elas selecionam o material de vida mais pura e nos mostram o melhor para a nossa vida espiritual, sem cochilos.

Nasceste na Terra, como já nascemos muitas vezes em variados lugares, para sermos agredidos por muitas forças inferiores, testando e nos fazendo provar o que já aprendemos. A nossa busca deve ser a harmonia da mente e, quando aprovados em todos os aspectos, cessam as nossas vestes carnais e passamos para outra escola, com a finalidade de aprendermos novas lições. Portanto, é bom que entendamos que também os anjos se encontram em aprendizado, que lhes compete buscar e Deus é o supremo foco de luz, donde verte toda a sabedoria e, se podemos dizer, toda a vida para toda a criação. Se por vezes falamos que Deus é vida, é por não encontrar outra palavra mais elevada; se Ele criou a vida, a razão nos induz a dizer que Ele é maior que a vida, por ser o seu Criador. Falamos que Deus é amor mas, se Ele criou o amor, é mais que o amor. Se criou a verdade, indubitavelmente é superior à verdade. Se é o criador de todas as leis universais, essa Luz Suprema é maior que todas as leis criadas. Em tudo o que raciocinarmos sobre Deus, estaremos diminuindo sua majestosa personalidade.

Nós, os Espíritos, e os homens, estamos sempre cochilando nos nossos aprendizados, por nos faltar capacidade de conhecer tudo, dominando toda a sabedoria. Porém, devemos nos esforçar para que diminuam os enganos nos nossos caminhos de entendimento, deixando que o Cristo nasça nos nossos corações e viva conosco no esplendor da consciência pura.

Não descuides de amar, para que possas servir com alegria.

O Espiritismo, impulso urgente de Deus para a humanidade, nos mostra os caminhos.

19 *Codificar a Vida no Bem*

A vida codificada no bem é anseio de todos os Espíritos nobres. A verdade, podemos constatar, é absorvida em muitos lugares diferentes na Terra, sem que uma criatura tenha notícias da outra que alimenta as mesmas ideias, porque as leis vibram em toda parte e elas são oriundas de Deus. As sendeirices são armadas pelos homens nas suas inquietações mentais e duram pouco, porque somente a verdade fica de pé, nos confirma o próprio Evangelho.

A senda do Espírito é somente o bem imortal, cuja disposição é variada, de sorte que possa ser assimilado em qualquer faixa em que estiver a alma. Até os próprios animais são induzidos ao bem, quando domados pelos homem e eles nada perdem desta indução. A consciência, mesmo primitiva, grava o que faz, para que no futuro sejam inspirados por esse condicionamento que a sujeição fez guardar. Assim também as árvores e as próprias pedras que a humanidade usa para a construção não perdem a sua vibração de benfeitores, guardando no seu seio de vida a violência imprimida pelos homens e a recordação no amanhã tornar-se-á em apoio feliz para os novos caminhos que deverão seguir. Nada se perde, tudo fala do que aprendeu, desde a matéria primitiva aos mundos que circulam no universo. É a vida se codificando e crescendo dentro do pensamento do Criador.

Nada podemos abstrair da vida nem tampouco nela acrescentar coisa alguma; somente a mão que a fez é capaz. Deus se encontra em toda parte, em todos os horizontes da criação, movimentando-a num crescer sem limites. Quem pretender violentar as leis, não o conseguirá; somente irá perturbar a sua própria harmonia mental, padecendo das consequências de que a reação se fará responder. Eis porque Jesus veio à Terra, enviado pelo Criador: para ajudar aos homens a entender as leis naturais e vivê-las, amando-as.

A Doutrina dos Espíritos apareceu nos horizontes do mundo para sugerir às criaturas a observação dos mandamentos da vida, para que tenham mais vida. O Espírito precisa, com urgência, de conhecer a si mesmo, porque a felicidade depende disso; o que os outros mais instruídos podem fazer por nós é nos mostrar os caminhos, no entanto, caminhar é por nossa conta.

A alma é, pois, um mundo desordenado que precisa de harmonia, e essa harmonia o Evangelho vem nos ensinar como adquiri-la, pelos processos do amor que se divide no infinito. Perder tempo é descansar no convite dos céus. Codifiquemos a luz em nós com todas as suas nuanças, porque a senda para a libertação até a faixa angélica é sempre binária: Amor e Sabedoria. A partir daí, o Amor verdadeiro, que é a maior expressão de Deus, é tudo que se possa sentir e pensar. Que ama é feliz, dentro da felicidade da vida maior.

Não feches a tua vida, diante da acanhada visão que

possas ter; abre a tua compreensão para entender o todo, porque Deus não é Deus somente de uma raça ou de um mundo. Medita na universalidade das coisas e avança para entender de tudo, como sendo parte do todo.

Codificar é recolher o melhor, na linguagem em que estamos nos comunicando. Codifica a tua vida, selecionando o melhor com Jesus, para que possas sentir Deus em tudo e amá-lo sobre todas as coisas. Descobre por ti mesmo como viver melhor, pois a quem bate a porta se abre; adentra por ela e observa os horizontes. Ama e vive feliz, entendendo e vivendo dentro da harmonia de Deus. Jesus, pelas vias do amor, estende a sua mão ao teu encontro. Segura-a firme e nunca mais perderás o destino de luz.

Medita na universalidade das coisas e avança para entender de tudo, como sendo parte do todo.

20 Deslocar Vibrações

O mundo se encontra cheio de ondas, raios e forças de variadas posições, na escala de irradiações, cabendo às criaturas se prepararem para tais e quais defesas do que não lhes convém. Essas manifestações da natureza inferior e agressiva se encontram à cata de sintonia, onde quer que seja, para acasalar forças e acomodar vibrações da mesma espécie.

Eis que a alma desperta deve se preparar para deslocar do seu ambiente o que não lhe convém, harmonizando a sua mente, dizendo e vivendo: "apoiei-me no Cristo, como rocha da minha própria vida!" É de nosso dever apreciar com profundidade tudo o que vem ao nosso encontro, seja o que for.

Quando conversares com alguém, a tua atenção no estímulo do bom senso deve estar acesa, porque da fala do companheiro podem surgir ondas, raios e gamas de todas as naturezas, que podem não ser compatíveis com as nossas necessidades de ouvir e de viver, podem não fazer bem ao nosso mundo orgânico e mesmo psíquico, podem desajustar nossos corpos espirituais, nos fazendo mal ao conjunto. Para tanto, tens uma razão e uma vontade de escolha e, com um pouco de treino, ficarás mestre na arte de escolher o que te faz bem e ainda, ajudar ao irmão a saber fazer uso do verbo que Deus lhe deu para elevar-se na vida.

Precisamos estar atentos, Espíritos desencarnados e encarnados, pois essas vibrações que infestam o ambiente terreno alcançam igualmente o mundo espiritual, por afinidade com as paixões inferiores. Mas quando a nossa conduta se compatibiliza com a verdade e o bem, na extensão grandiosa do amor, eis que essas vibrações inferiores se queimam ao se aproximarem das personalidades que amam, do modo como amou Jesus as criaturas e ensina pelo seu Evangelho.

Cuidemos da nossa mente modelando os nossos pensamentos, que eles são forças que vêm de Deus, com claridades divinas. Nós, pela ignorância, torcemos seus mais profundos objetivos, envolvendo-os com as nossas paixões inferiores. A nossa luta maior, neste sentido, não são as guerras exteriores; é a batalha interna, que haveremos de vencer; é o vencer a si mesmo.

O Cristo desceu dos planos resplandecentes, como misericórdia e amor à humanidade, mostrando a todos a melhor escolha: desviar de todos os impulsos inferiores. E quando eles nos atingirem, não devemos dar sequência às suas inspirações, anulando seus impulsos, porque na verdade, somente as leis naturais criadas por Deus têm ressonância na consciência. As outras criam distúrbios em todos os corpos que o Espírito usa na estadia em mundos inferiores.

Firmemo-nos no princípio do bem comum, procurando e vivendo esse bem, que o resto vem por misericórdia, e os agentes de Deus nos darão a sua valiosa cooperação, para assegurar a nossa vitória, onde o amor será a fonte da vida maior. A Doutrina dos Espíritos é força educadora que nos serve, servindo aos dois mundos como ação propulsora na construção da fraternidade universal.

Anima-te, mesmo que te custe muitos sacrifícios, muitas dores e se avolumem, no princípio, muitos problemas. São sinais que estás melhorando e no caminho certo para a libertação espiritual. O mal é um embrião que deve desaparecer e o bem é um ponto de luz que cresce, e por lei tornar-se-á um sol.

Quem não luta não vence; no entanto, a guerra do cristão, senão do espírita, é interior porque, libertando-se por dentro, já se encontra liberto por fora. Há muitos espiritualistas que, logo no começo, desejam conhecer Deus na profundidade impossível, querendo começar por onde terminar. A razão nos mostra que devemos conhecer, em primeiro lugar, a nós mesmos, dando os primeiros passos para saber o que é o corpo físico, passando para os outros corpos que servem à alma. São infinidades de ciências que a sequência mostra, abrindo caminhos para a alma... O Espiritismo, não desdenhando das outras filosofias, nos mostra portas mais eficientes para adentrarmos com mais segurança; o convite aí está para teu coração e a tua inteligência, que anseia pelo aprendizado. Especula aquilo que educa e respeita o direito dos outros, que a vida te responderá com a paz de consciência.

Firmemo-nos no princípio do bem comum, procurando e vivendo esse bem, que o resto vem por misericórdia.

21 *Movimentação dos Pensmentos*

Consideremos a nossa mente como um fulcro de forças capaz de servir à alma como fonte da formação de pensamentos que entram e saem com determinada finalidade. Quando educados, podem estabilizar a consciência e fazerem felizes os corações; quando em desequilíbrio, criam na mente distúrbios inexplicáveis, porque em cada criatura se modificam as reações dos impulsos inferiores. O pensamento ainda é mistério para os homens, senão para muitos Espíritos desencarnados.

Não devemos nos esquecer de apreciar nossas ideias ao surgirem na nossa mente, para que possamos entender as suas sutilezas, como suas ações e reações em nós mesmos: somos o que pensamos, comemos o que pensamos, bebemos o que pensamos, respiramos o que pensamos... e por essa linha de conduta, podemos apreciar as outras sequências de ideias.

De tua mente tanto saem pensamentos revestidos pelos teus sentimentos, como entram na engrenagem do teu ser pensamentos exteriores capazes de te inspirar, com as vibrações com que foram criados. Eis que deves observar o que entra em tua casa mental, agregando-se em teu ser, como o ladrão que pode te roubar certas qualidades que, por certo, estás criando ou despertando na tua consciência.

Os pensamentos de fora podem desarticular a tua paz, que vem te custando caro para ser estabilizada. É de bom alvitre descobrir esses agentes do mal que te procuram, encontrando, por vezes, sintonia. Os pensamentos, principalmente os dos Espíritos, que não alcançaram a libertação pela verdade, têm intervalos entre is, espaços esses que podem ser maiores ou menores, de acordo com a elevação da alma. E são nestes intervalos que eles, os pensamentos de fora, entram a nos inspirar, pelo modo que foram formados; mas, o bom analista sabe e conhece seus filhos mentais, e recusa o inquilino malfeitor. Certamente que pensamentos bons também podem se agregar à nossa mente, pela sintonia de sentimentos; esses são companheiros que aparecem acendendo luzes e são benvindos ao coração. Por esse motivo, devemos saber abrir as portas mentais para os viajantes portadores do amor e da paz.

A obsessão não se faz somente através de ligações com Espíritos desencarnados; pode acontecer por pensamentos-formas, que viajam pelos espaços à procura de ambientes adequados. Estudemos esses princípios, que seremos livres das agressões mentais dos outros que ignoram a verdade. O nosso dever é sedimentar virtudes que nos elevam, firmando na nossa mente a harmonia com Jesus, para que possamos encontrar a felicidade, porque ela não se encontra à distância, nem em outros mundos. A sua verdadeira fonte está dentro da alma à nossa espera, sendo a porta, o Cristo e a chave está em nossas mãos.

O querer e a maturidade espiritual criam o fenômeno que se chama glória da alma, ensejo dado por Deus a todas as almas, suas filhas do coração. Os pensamentos que entram e saem de nossas mentes se alojam no lugar em que encontram afinidade e aí permanecem por tempo indeterminado.

Os mentores espirituais, pelos nossos esforços, costumam usar desses pensamentos inquilinos em transformação, de acordo com as necessidades que a natureza requer, para o bem geral. No entanto, precisam do esforço de quem padece a invasão destas ideias exteriores. Poder-se-ia avaliar quantos pensamentos-formas existem dentro das almas em lutas pela Terra? É como se o céu da consciência fosse invadido pelas aves mentais dos outros, como igualmente as nossas estivessem voando em outras áreas que correspondem às nossas vibrações. São trocas que, por vezes, não compensam.

Comecemos a educar nossos sentimentos, que a ajuda virá para nós de todos os lados, limpando e fazendo limpeza no nosso mundo interno, para que a verdade se apoie no centro da nossa vida, nos libertando de todas as paixões inferiores, assimilando a vida na pauta da vida maior.

O mundo se encontra povoado pelos pensamentos-formas, cada um com as suas vibrações específicas, correspondendo aos sentimentos pelos quais foram criados e se ajustando nas mentes com as quais sintonizam. Vejamos o cuidado que devemos ter nos impulsos que surgem a todo o momento na nossa mente! Pensemos, nessas horas, em Jesus, orando com sinceridade, para que possamos selecionar sugestões que nos vêm.

O "educar e instruir" da Doutrina dos Espíritos é no sentido de abrirmos as portas mentais, deixando sair pensamentos nobres e fechando-as quando eles não são filhos do Evangelho de Jesus. Que Deus nos abençoe sempre neste esforço.

O nosso dever é sedimentar virtudes que nos elevam, firmando na nossa mente a harmonia com Jesus.

22 *Carga Vibratória*

A palavra carga a que nos referimos está aplicada no sentido de peso a mais que, por vezes, e de forma inconsciente, carregamos. As cargas vibratórias nos vêm por diversas vias, acumulando-se em nosso campo de força, que nos sustenta contra as vibrações inferiores das paixões acumuladas na psicosfera da Terra que, de vez em quando, os raios e tempestades as desfazem, doando à terra como adubo ou matéria que deve ser fecundada, com o tempo, para outros trabalhos da natureza. Também as árvores e os animais têm a prerrogativa de transformá-las em matéria valiosa, fazendo a própria ciência ver que nada se perde no imenso campo de Deus, e que tudo se transforma em claridades e força benfeitora em favor dos homens.

A Inteligência Suprema sabe conduzir a criação e, dentro do sábio transformismo, cria belezas imortais, fazendo crescer a própria vida. O gravame vibratório aparentemente nos assombra; entretanto, ele é usado em linhas de conforto e para o próprio alimento dos animais de todas as espécies. As matérias imprestáveis para os homens – como o próprio homem já descobriu – são ricas em todas as formas de adubo para as plantações, donde podem surgir lindas flores. Deus vibra na intimidade de tudo o que Ele mesmo criou, e a vida se encontra dentro da matéria primitiva que somente ele conhece e sabe fazer uso para o bem de todos.

O ser humano, quando se encontra com o fardo pesado ou, no dizer popular, com a sua carga vibratória em excesso, está próximo a despertar para a luz que, na explosão de seus sentimentos, aflora em busca do amor. Os grandes homens na Terra foram atingidos pela opressão de carmas volumosos no passado, porque é pela dor que entendemos o amor, passando a praticá-lo com mais eficiência. Compreende-se daí que não há luz sem que haja dor, sacrifícios e problemas sem conta. É uma lei que vigora em todos os sentidos.

Constatamos, portanto, o valor da carga magnética para o despertamento da alma, Não que devamos sair a procurá-la, mas quando ela vier ao nosso encontro, sejamos firmes frente a todos os seus processos, para que aprendamos as leis de Deus, que se acham escritas em tudo o que vemos e tocamos, bastando acender no coração o condão do amor, para que ele nos guie emprestando-nos a visão da porta por que deveremos entrar, descobrindo a profundidade da consciência onde mora Deus, a nos guiar para a felicidade. Desenvolveremos, assim, as faculdades do amor nos nossos sentimentos, para descobrir e viver com Cristo nos nossos corações.

Não turbes o teu coração diante de todas as lutas; tem em mente a vitória, que ela surgirá. Compreende o valor das tuas próprias forças e segue avante, porque diz o Evangelho: "Aquele que perseverar até o fim será salvo." O fim referido é o fim do mal que ainda existe em nós.

As cargas vibratórias existem com abundância em toda parte, volitando na atmosfera da Terra, nos primeiros planos do mundo espiritual, porque neles habitam os mesmos homens recém-saídos do mundo, que ali estagiaram por breves tempos. As lutas não devem parar e o Cristo é o incentivador desta batalha que cada criatura deve travar consigo mesmo.

O Evangelho nos suscita a abrirmos os olhos interiores, onde poderemos observar uma vasta região improdutiva, cheia de cargas vibratórias, que ainda não foram transformadas. Chegou a hora de serem elas valorizadas e descobertas; preparemos o terreno e saiamos a semear concentrações de luz, onde o amor seja o centro da sementeira.

A Doutrina Espírita chegou à Terra pelos canais da mediunidade, onde Jesus é o orientador cósmico e o transformador universal. Cuidemos em entendê-lo, porque seus processos são de luz, estabelecidos no coração pela vontade de Deus. Estamos dentro das cargas vibratórias, que também penetram o nosso íntimo, mas, se estivermos firmes em Jesus, elas se transformarão em luz para os nossos caminhos. Usemos a fé com obras, que a felicidade não demorará.

Deus vibra na intimidade de tudo o que Ele mesmo criou.

23 *Educação Mental*

A compostura mental depende de muitos valores que a sabedoria demonstra e onde o amor sempre se faz presente, porque ele é a luz de Deus vibrante em todas as coisas. A educação somente parte de dentro para fora, para ter segurança nos seus anúncios e, queiramos ou não, partimos para essa disciplina espiritual, pois, esse é o nosso destino ante a estrada universal da vida.

Se buscamos a cultura do mundo, associemo-nos à educação dos sentimentos. Sem eles, a vida tornar-se-á vazia, sem o interesse de viver. As coisas da Terra constituem o primeiro degrau para os inúmeros que devemos subir, de onde poderemos perceber muitos horizontes da imortalidade. Estudemos tudo o que existe na Terra, para conhecermos melhor as necessidades dos valores da vida maior. Não neguemos o trabalho do próprio materialista, pois ele se encontra aprendendo no seu patamar; depois, a própria vida o fará subir mais, pois esse é o seu destino, como o de todas as criaturas. Deus não iria fazer sequer um de seus filhos diferentes nos sentimentos; a diferença que existe está na idade. Quando a maturidade espiritual chega no coração, acordamos diante das claridades celestiais. Os céus não se esquecem dos que estão na Terra.

A cultura do mundo é necessária, mas depois dela, aproxima-se a cultura da alma, porque somente a verdade tem o poder de libertar as criaturas. É como que recordar o que aprendemos no mundo espiritual. O cofre de Deus nos Espíritos é a consciência, e Ele tem igualmente a chave desse centro de vida, sabendo abri-lo para que a luz do amor e da sabedoria banhe a engrenagem da alma, a despertar os valores imortais do coração.

Comecemos a educação por várias sendas e procuremos onde for do nosso melhor agrado. Comecemos pela cortesia em tudo o que podemos fazer ante o nosso irmão em caminho, avancemos na disciplina dos sentimentos, em tudo o que por vezes fizermos e diante dos companheiros em jornada. A educação é amor, aquele que escolhe as linhas da caridade. A educação é perdão, que esquece as faltas e trabalha em favor do ofensor.

Se procurarmos a oração com sinceridade, ela nos dará os meios mais fáceis de encontrar a educação mais elevada. Jesus foi e é o grande educador da humanidade; deixou para ela o maior código que o mundo e os homens poderiam conhecer, o Evangelho, e com o tempo renovou sua mensagem pelos processos mediúnicos, onde ergueu uma doutrina, a Doutrina dos Espíritos, porque foram eles que trabalharam para que ela surgisse.

Nunca faltaram instrutores para tal disciplina das almas, e hoje as mensagens avançam no carro do progresso, como um sol de Deus sob o comando do Mestre. Aproveitemos o tempo, que os *horizontes da vida* estão ricos de luz, ofertando a todos o mesmo quinhão de herança que podem recolher como alimento para a vida. Procuremos educar nossos pensamentos, assim como as palavras e atos. Esse esforço é válido, e ele abre as portas para que possamos entrar no céu da nossa própria intimidade.

Estamos para ingressar no terceiro milênio depois do Cristo, marco onde as faculdades por Ele abençoadas já dão sinais de incômodo e que, por tanto sono, deverão ser despertadas. Começa a melhorar teu comportamento onde estiveres: com os familiares, com os companheiros de trabalho, com os que se encontram nas ruas e mesmo nos templos religiosos. Vê e sente teus deveres, porque essa melhora não é caridade, nem doação para ninguém. São bênçãos que podes recolher e com elas estimular a tua própria consciência.

A educação mental é princípio de ascensão rumo à liberdade, que o Espírito almeja em muitas vidas que teve nos milênios passados. Aproveitemos o tempo, porque ele passa.

A educação é amor, aquele que escolhe as linhas da caridade. A educação é perdão, que esquece as faltas e trabalha em favor do ofensor.

24 *Modelagem Cristã dos Sentimentos*

O Espírito é ainda um mundo desconhecido, mesmo para os estudiosos das doutrinas espiritualistas. São nos dadas muitas oportunidades de compreendermos os *horizontes da vida*, mas elas passam, embora a bondade de Deus seja tamanha que, periodicamente, elas voltam a nos tornar a oferecer meios valiosos de aprendizado das coisas que, por vezes, se encontram secretas para nós.

Não pensem os companheiros que os desencarnados sabem de tudo, que dominam toda a sabedoria universal; estamos longe de tal riqueza. Eis que muito nos é dado, pelo Benfeitor Universal, mas nem tudo assimilamos. Os nossos sentimentos geram, no centro do coração espiritual, energia virgem capaz de assimilar com profundidade a vontade da alma, que fica esperando ser modelada pelo raciocínio. Vê a responsabilidade do Espírito em usar a energia divina que parte do Criador, penetrando em variados centros de forças, animalizando-se – se esse é o termo com a finalidade de assimilar o que pensamos e nela imprimimos a nossa vontade.

A ignorância nos empana o entendimento acerca desta ciência universal, mas quando começam a abrir os olhos sobre a verdade, aumenta a nossa responsabilidade pelo que fazemos das oportunidades oferecidas por Deus em nosso favor. A luz azulínea que se apresenta no coração é beleza imortal, como sendo o Cristo em nós, abrindo os braços para receber as nossas atitudes. Vejamos o que doamos a Ele, essa consciência extraordinária que representa Deus no centro de nossas vidas!

Devemos tomar Jesus como modelo dos nossos destinos, mesmo porque Ele é o guia da humanidade e as suas vibrações intercalam no éter cósmico e de nós se aproximam, a nos ajudar a lembrar das grandes responsabilidades de usar essa matéria cândida, como que uma força a nos proteger. E se nela, como sempre acontece, imprimirmos os nossos falsos desejos, o que não farão as nossas paixões inferiores!? Turbam a nossa mente e congestionam todo o nosso psiquismo, disso resultando a decadência das nossas atitudes.

O espírita de hoje não deve comportar-se como se estivesse há um século atrás. Ele deve avançar em todas as direções do saber, compreendendo e fazendo compreender todos os sinais da evolução, despertando valores de todas as gamas do amor. Caminhamos encarnados e desencarnados, para a pureza de sentimentos, e para tanto, o esforço próprio é o primeiro passo na senda da vida. Quem der o primeiro avanço no entendimento será ajudado em todos os pedidos que o seu esforço vier a fazer. A prece mais profunda projeta os sentimentos elevados em qualquer direção que possamos objetivar, desde quando o amor seja a luz em que nos inspirarmos. As nossas ideias devem congeminar com a luz, para que os véus se abram em muitos sentidos, e nós passamos a entender mais além, de modo que a vida se processe com mais vigor, cheia de esperanças.

O espírita deve empenhar-se todos os dias em modelar suas ideias, como nos ensina o Evangelho, apurando todos os sentimentos, para que o amor e a caridade dominem a própria vida, enriquecendo o coração e estabilizando a consciência na tranquilidade que não se perturba.

Modelemos as nossas palavras, de modo que elas possam falar do amor e da fraternidade em todas as suas modalidades. Ampliemos esse exercício em todos os sentidos, para que eles nos anunciem como sendo algo de Deus na pregação do bem, no silêncio da vida. Os outros reinos fazem isso sem exigências, enquanto nós, por vezes, pedimos por simples doações, o que ofertamos para os outros reinos, quase sempre exigindo-lhes a vida.

Precisamos de muita educação na nossa audição porque, conforme o que ouvimos, mudamos imediatamente os nossos sentimentos e mudamos por nos faltar a moldagem dos nossos impulsos no amor. Devemos sempre colocar o Cristo nas nossas atitudes, visualizando-o junto às nossas conversações e deixar um lugar para Ele no centro dos nossos pensamentos, e mantê-lo como vigia ao escapar o verbo dos nossos lábios. Modelar com Jesus é aprimorar; aprimorar é embelezar os valores que Deus nos confiou. Assim, seremos salvos, por conhecermos a verdade.

Modelemos as nossas palavras, de modo que elas possam falar do amor e da fraternidade em todas as suas modalidades.

25 *Novos Princípios para Novas Atitudes*

A vida reta pede que estabeçamos princípios dignificados, onde o amor seja a fonte de todos os impulsos e onde a coordenadora seja a caridade. Bem-aventurados os que entendem e fazem sentir esse dever de aprimoramento moral em toda a sua vida e, neste ensejo, a esperança se manifesta dentro das irradiações da fraternidade pura, que não exige e que não especula.

Devemos acostumar a consultar todos os dias a própria consciência, verificando se ela tem alguma reclamação a fazer do que acontece nas lides da alma. A sensibilidade consciencial sabe avaliar o que devemos fazer para a própria paz. "O Livro dos Espíritos" nos afirma que "o Espírito puro tem uma consciência imperturbável em quaisquer circunstâncias". Portanto, devemos começar esse trabalho dentro de nós, passando a entender e descobrir as nossas obrigações para com nós mesmos.

Meditemos sobre Deus, nas horas que nos cabe pensar na Divindade, que muita coisa de que precisamos virá por acréscimo de misericórdia, nos ajudando a desenvolver a nossa capacidade de entendimento. O Senhor nos deu todas as faculdades para recolhermos conscientemente a sua sabedoria e dela fazermos uso na cocriação, passando a sermos filhos obedientes no amparo aos que se encontram na retaguarda, porque os nossos irmãos da dianteira nos ajudam sempre. A vida se constitui de trocas de valores incessantemente, trocas que se processam pela força do amor.

Devanear sobre as leis é buscá-las para mais perto de nós e respeitá-las nas suas ações, porque todo aquele que obedece às leis de Deus é sempre feliz. A gratidão ao Supremo Mandatário do universo estabeleceu roteiros para toda a criação, de sorte que, cada um, ou cada coisa, recebe somente o que merece, na pauta do seu alcance espiritual.

Quem começa a pensar o que é, descobre de onde veio e para onde vai. A sequência das vidas sucessivas entregar-nos-á todos os valores que nos destinamos a receber, pela via do esforço próprio, capacitando os sentimentos a receber o melhor, em todo o despertamento que nos convém. Esse labor consiste em estabelecer princípios diante dos horizontes que a vida nos aponta todos os dias.

O estudante que verdadeiramente busca a verdade sempre recebe, por lei de justiça; Quem não busca não pode achar, para quem não bate, a porta não se abrirá; quem não pede, como receber? São os fundamentos da lei de Deus. Em tudo com que queres ser agraciado, deves dar os primeiros passos, que o resto a bondade divina inteirar-te-á, em complemento onde não falta a verdade, Deves consultar-te a ti mesmo sempre, para verificares o que falta e quais as providências a serem tomadas pela tua razão;

não descuides dos teus deveres, que o trabalho de Deus já foi feito, esperando a tua parte.

O mundo atual se encontra cheio de convites inferiores, no entanto, ele também se encontra repleto de chamamentos superiores. Mensagens e mais mensagens do mundo da verdade descem sobre a Terra em busca dos homens de boa vontade, livros e mais livros fundamentados no amor e na caridade aparecem a quem busca para lhes entregar os convites de Deus, pela vias do Cristo. Basta um pouco de boa vontade para recebê-los, estudá-los e entrar na faixa dos conceitos de luz. É, pois, o mesmo Jesus de volta, em feição diferente, porém, com o mesmo ideal de despertar os seres humanos para a libertação espiritual. O Mestre nunca esquece o rebanho que Deus lhe entregou e está sempre presente na atmosfera da terra, pelos Seus inúmeros recursos.

Se desejas encontrar Jesus, Ele está à tua frente, com os braços abertos, convidando-te para as lutas, que devem se processar na tua intimidade, buscando e estabelecendo novos princípios para as tuas novas atitudes. E com esse alvorecer, os horizontes da tua vida multiplicar-se-ão, oferecendo novas vidas e, por vezes, novos mundos, como moradias de luz.

A vida se constitui de trocas de valores incessantemente, trocas que se processam pela força do amor.

26 *Mentir a Si Próprio*

Quando Jesus disse que a verdade liberta a alma foi, desta maneira, destruindo a mentira. A mentira maior acontece quando mentimos para nós mesmos: ao alimentarmos os vícios, estamos nos enganando; quando negamos o progresso em todos os sentidos, estamos procurando ludibriar as necessidades da verdade; quando damos vazão à gastronomia, sentindo a consciência do erro, pagamos caro na manifestação da doença. Ao mentirmos a nós mesmos, estamos cavando a própria sepultura antes do tempo marcado pelo verdadeiro tempo.

Devemos modelar a nossa vida com a vida do Cristo, que Ele nos salvará, indicando-nos as vias para o equilíbrio e a paz. Compreende-se daí, que temos necessidade de um guia. D'Aquele que serve a toda a humanidade desde o princípio. Devemos ter cuidado com as aparências, porque elas podem levar à tristeza. O vigiar e orar de Jesus nos dá segurança contra as imposturas, que de passo a passo sempre encontramos nos caminhos.

Convém a todos nós organizar nossos pensamentos e ter maior cuidado na formação das ideias, para que elas não carreguem o traço do embuste, fazendo com que os companheiros que acreditam em nós constatem a brevidade dos assuntos de que assumimos a paternidade.

Não mentir para nós mesmos significa retidão de vida e para tanto, o nosso trabalho, que o empenho nos faz levar avante, deve ser grandioso, modificando toda uma estrutura de vida.

O homem cheio de patranha nos seus ideais de vida é sempre infeliz por onde passa, sendo capaz de semear discórdia por onde transita. Tudo o que fazemos mal feito é, pois, um começo de fraude, como sendo a semente da mentira. Necessário se faz que compreendamos que responderemos por essas ideias semeadas, porque colheremos os frutos desastrosos.

Quando julgamos alguém, mesmo que esse alguém esteja errado no nosso conceito, sempre acrescentamos algo da nossa parte, que pode avolumar e vir ao nosso encontro, como a água dos rios que corre para o mar. Se não mentes para ti mesmo, nunca mentirás para os outros. A harmonia de dentro ilumina por fora e, se conhecemos a árvore pelos frutos, conhecemos as almas pela sua vida, pelos seus pensamentos, palavras e ações.

A ilusão desarticula todas as possibilidades do que dela se faz instrumento. É bom que observemos a vida dos sábios; eles conversam pouco, porém, falam sempre a verdade que educa, que instrui e ainda liberta quem se interessa por ela. Todo embromador atrofia seus valores espirituais, sendo desvalorizado junto aos seus companheiros; todas as notícias, tanto do bem como do mal, "correm mundo" e por vezes, o último se irradia mais na faixa humana. O mentiroso é um infeliz, porque nem ele mesmo acredita nele, quanto mais nos outros que o ouvem, mas, como tudo tem conserto, quem deseja melhorar-se pode começar agora mesmo com a ponderação, porque o acostumado à impostura vive dentro dela e os anos a fazem solidificar-se, como que condicionando vibrações negativas, que somente o tempo, envolvido com a verdade, pode desarticular, modelando o bem, na regência da verdade. O engano, com o tempo, nos faz crer que existe a verdade.

Procura Deus, mesmo da maneira que sabes, que as intenções, sendo sérias, possibilitarão o seu aparecimento, pelos meios que a tua evolução comportar e te ensinarão a falar e a viver as coisas certas. Não tenhas medo de enfrentar o monstro que te ronda, viajando no barco das aparências, porque quem anda com Deus pode acreditar que Jesus se encontra lado a lado, com ele nos seus caminhos.

A harmonia de dentro ilumina por fora e, se conhecemos a árvore pelos frutos, conhecemos as almas pela sua vida, pelos seus pensamentos, palavras e ações.

27 *Pausa para Meditar*

Em tudo na vida existe pausa, de modo a se fazer entender melhor o que se queira aprender, e a observação nos apresenta a estância como sendo o ponto necessário para a harmonia de todas as coisas. Como seria a melodia, se a música não tivesse os intervalos das notas? Os intervalos das letras é que dão conotação segura às palavras e com distâncias metrificadas, as palavras nos fazem entender com clareza os assuntos. Em uma lavoura bem sucedida, as plantações obedecem a essa harmonia das distâncias entre uma e outra planta; os dedos das nossas mãos são mais úteis, pelo manejo fácil, devido à distância uns dos outros. As estrelas nos céus, os cabelos em uma cabeça, os frutos nas árvores, os carros nas ruas, a vida atômica...

A razão nos mostra milhares de outras coisas obedecendo a essa lei de harmonia. Não podemos esquecer os pensamentos com os seus intervalos, e mesmo a palavra e os próprios passos dos seres humanos. Por isso é que deveremos ter pausa para meditação que, nesse espaço, as bênçãos de Deus nos encherão das melhores intuições, capazes de nos levar ao equilíbrio. Vejamos no campo dos ensinamentos que Deus nos manda dos planos elevados: existem sempre distâncias de uma profecia a outra; missionários da verdade nascendo em países diferentes, com objetivos de educar os povos, e o fundo das suas lições mostra a mesma profundidade de saber.

O amor é, pois, o mesmo em todos os lugares em que são cultivados nos corações; assim a caridade, assim o perdão. As chuvas são as mesmas que descem em toda parte, o ar que circula tem a mesma atividade e o mesmo valor; as plantas, os alimentos, e os homens, têm a mesma forma, mesmo uns desconhecendo os outros. É, pois, a expressão de Deus para nos mostrar a sua unidade divina como Pai e Soberano de todas as coisas.

A respiração tem pausa, como que um silêncio, para dar tempo ao corpo na absorção dos elementos vitais ao equilíbrio do organismo, do todo somático. O oxigênio, o nitrogênio e outros gases sutis que nos dão vida são forças benéficas que vivem sem se misturarem em determinados espaços uns com os outros, personificando vidas, para dar mais vida aos seres humanos.

A vida vibra em cadeias, sustentadas pela Majestade Divina, obedecendo ao seu sopro de amor. Existe o trabalho na terra, mas junto dele o descanso porque, na verdade, sem essa interrupção, o labor não tem maior segurança na produtividade. O valor é o mesmo nas duas etapas.

Imaginemos se a chuva não se dividisse em gotas, com determinadas distâncias umas das outras! As pedras trituradas resultam em areia que nos oferecem delícias nas praias, como serve para muitas outras utilidades. No entanto, tudo isso tem uma lei que regula, para que o desleixo não venha a perturbar a mecânica da harmonia.

A vida é movimento, que obedece ao ritmo do amor. Estuda a harmonia das coisas, que elas te levarão à paz e compreenderás a necessidade da pausa para meditar.

Quando se observa as formas materiais, notamos que por trás delas existe o impulso espiritual, organizado e dirigido pela justiça divina. O sol nos envia, por misericórdia, os seus benfeitores raios, uns separados dos outros, nos trazendo vida, doando calor igualmente a todos e para todos os reinos; no entanto, cada coisa absorve aquilo que estiver na sua altura espiritual. O seu calor é para todos igualmente, mas as substâncias têm um preço: o da maturidade. Assim a água, assim o ar, assim tudo o que existe. O instrumento de trabalho para o sábio pode ser transformado em arma mortífera para o ignorante; é a bênção de Deus semeando a vida e a alegria.

A Doutrina dos Espíritos, sendo Jesus de volta, nos ensina a usar de tudo para a elevação da própria vida. O alimento entra no organismo do ignorante sem certos aproveitamentos; no homem conhecedor dos seus destinos, o alimento é força divina, de onde poderá extrair o próprio amor concentrado, que passa a circular no mundo somático, por determinação das mentes instintivas acesas no mundo interno. Trabalha com o bom senso em todos os momentos, sem deixar a desordem invadir a tua mente.

A vida é movimento, que obedece ao ritmo do amor. Estuda a harmonia das coisas, que elas te levarão à paz e compreenderás a necessidade da pausa para meditar.

28 *Carregamos o que Pensamos*

Jesus nos afirma, através do Evangelho, que seu fardo é leve e seu jugo suave. Não podemos falar o mesmo, dando o fardo ser pesado e o jugo incômodo, pois não aprendemos a pensar nas mesmas linhas do Mestre. A consciência da alma comum está carregada pelos seus pensamentos; as vibrações inferiores pesam e incomodam o Espírito na sua jornada de vida.

A ignorância enche o celeiro do coração com o que pensa, criando distúrbios variados que fazem sofrer; são cargas magnéticas inferiores, nascidas das paixões que não correspondem aos ensinamentos do Mestre dos mestres.

Se a humanidade tivesse a consciência dos valores mentais, de como eles podem fazer a felicidade e destruir os mais elevados ideais, procuraria educar as ideias, usando os processos ensinados por Jesus no seu Evangelho de vida. Pelo que sabemos, e disso temos experiências, nós bebemos o que pensamos e alimentamos as nossas próprias ideias, respiramos os nossos sentimentos e carregamos tudo isso como sendo os nossos fardos e jugos...

Se desejamos melhorar, ou pelo menos aliviar esse

peso, abracemos as mudanças na intimidade, porque se a paz nasce por dentro, a felicidade não existe noutro lugar. O Cristo é como que o sol das nossas vidas; a sua mente poderosa irradia para todo o seu rebanho forças compatíveis com o seu amor, sem exigências, tanto que não aparece a mostrar o que faz por nós. A nossa salvação depende de nós e a inteligência com Jesus nos pede o conhecimento de nós mesmos. Cada um deve conhecer a si próprio, e é nesta frequência que notamos o que deve ser feito, sem que o egoísmo nos comande. Quem trabalha em favor de si mesmo, dentro dos moldes do amor, encontra-se beneficiando os outros. Para ajudar alguém a despertar os valores internos é preciso conhecer e avançar amando, que o exemplo e o silêncio, nestes casos, são vias de melhor acesso às lições imortais do próprio amor.

Quase sempre gostamos de nos iludir, por apreciarmos a quem nos bajula e que por vezes falam de coisas que ainda não conseguimos conquistar; se já estamos de posse de tais ou quais virtudes, não precisamos de que alguém as anuncie, pois a virtude por si mesma irradia seus valores.

Carregamos o que pensamos e o que somos, irradiamos em alta frequência para todos os lados; tudo fala de nós, nos diz a psicologia espiritual: o nosso olhar escreve o que somos, a nossa palavra anuncia o nosso porte espiritual, as nossas ações mostram o que somos por dentro. Não é preciso que falemos, porque a nossa própria fala se exagera na apresentação. E para que falar de nós mesmos, se fazemos somente o bem e vivemos no amor? Somente o que sentimos com isso basta, porque essa harmonia nos leva a sentir a felicidade na intimidade da vida.

Analisemos o modo pelo qual vivemos, para que o fardo não nos pese e o jugo não fique incômodo. Jesus nos ensinou como descarregar o peso das nossas cargas magnéticas inferiores, pela prática do bem e pela luz da fraternidade pura. Basta começarmos esse exercício, para que o mundo espiritual nos ajude. Isso Ele faz com frequência em todos os mundos onde haja almas se movendo em corpos materiais.

Modela a tua vida na vida do Mestre e, se ainda não encontras forças para tal operação, começa, que mãos invisíveis ajudar-te-ão. Diz o Evangelho que cada trabalhador é digno do seu salário. E o salário do Espírito que se esforça para iluminar é a luz de Deus no coração, onde Jesus é o transformador divino para o ambiente humano.

Se a humanidade tivesse a consciência dos valores mentais, de como eles podem fazer a felicidade e destruir os mais elevados ideais, procuraria educar as ideias.

29 *As Ideias Têm Vida*

Certamente que as ideias têm vida, por nascerem da vida; elas flutuam em torno de quem as cria, dando-se-lhes os destinos que os sentimentos propõem. Os nossos pensamentos, dos encarnados e desencarnados, são como sementes de vida, a propor vidas, do modo pelo pela forma criadas.

A obstinação da alma nas paixões inferiores faz criar ideias do mesmo naipe, de maneira que o criador de tais forças receba as mesmas vibrações das formas criadas. A lei não deixa ninguém errar o que pediu pelos próprios pensamentos. A mente está em constante oração pelo que pensa e faz, na sutileza do próprio tempo.

Tem cuidado na formação das tuas ideias, que elas podem te induzir à felicidade, mas também te carregar mais o fardo e o jugo; estragar a tua vida ou te proporcionar meios de viver bem, depende de ti, pois crias o teu próprio destino pelos pensamentos que formulas e pelas ideias que crias. Tudo o que fazemos é pela força das ideias que criamos e emitimos. Vivemos em plena troca de condições e energias, mas temos de saber que recebemos o que damos e acolhemos da vida o que doamos aos companheiros. Essa é, pois, uma lei universal e inviolável, criada por Deus.

Quando um orador se encontra desempenhando o seu papel, ele se encontra instigando a criação de ideias vivas, pelos assuntos que fala aos ouvidos dos seus semelhantes. Vejamos bem a responsabilidade de quem fala e certamente, de quem ouve; se eles estão ouvindo, não foram forçados a estarem presentes, nem obrigaram ao orador a dizer o que diz; a liberdade dá a entender a responsabilidade de cada um, onde se encontra, onde a justiça não erra a sentença.

Se o instrumento do verbo deseja melhorar as criaturas que ouvem, que procure estimular a criação de ideias elevadas, porque dali os benefícios são inúmeros, tanto para os encarnados como para os desencarnados que ali se encontram, buscando algo que lhes possa melhorar também, Os pensamentos são energias sublimadas que Deus verte para os homens, deixando em liberdade essas forças puras, para serem plasmadas nela os sentimentos humanos.

Devemos analisar também o que vamos escrever, porque responderemos pela plasmagem do mal nas palavras grafadas e receberemos o bem que nelas for impresso. Como é bom conhecer! O Espiritismo com Jesus nos ensina a educação da mente e a instrução dos nossos passos, para que possamos criar ideias dignas de serem entregues aos que nos ouvem.

Não percamos tempo criando pensamentos-formas de ódio e inveja, ciúme e discórdia, de violência e de maledicência, porque essa sequência negativa nos leva ao caos, nos fazendo sofrer as consequências da nossa ignorância, por também sofremos por ela. A Doutrina dos Espíritos é uma universidade de amor, seus livros, que são milhares espalhados por toda parte, principalmente no Brasil, têm o condão divino de dar o toque da pureza espiritual nos corações, para que quem os leia ou ouça se esforce na sua autoiluminação.

Não te irrites com simples gestos dos que não te compreendem. Não cries situações difíceis para quem não te tolera e não julgues o ignorante; não percas tempo somando os atos alheios, porque tens a tua vida para ser cuidada, na exemplificação do bem imortal, onde o amor deve ser a luz da existência. Não te esqueças do exemplo de Jesus Cristo, que mesmo preso ao madeiro, perdoou seus algozes, dizendo que eles não sabiam o que estavam fazendo e os abençoando com amor. Constrói o teu templo de luz, na pureza das ideias, que elas são sementes e onde forem depositadas nascerão com a responsabilidade de quem as plantou.

A vida da alma é um eterno plantio, pensemos nisso.

Estragar a tua vida ou te proporcionar meios de viver bem, depende de ti, pois crias o teu próprio destino pelos pensamentos que formulas e pelas ideias que crias.

30 *Norteando Atitudes*

Os desejos sempre nos indicam o roteiro a seguir; no entanto, a razão deve trabalhar no sentido de saber quais são essas intenções, para que não caia em tentações, onde as paixões se alastram, conduzindo o coração para as indevidas realizações, com retorno nefasto.

Pensemos sempre nos *horizontes da vida*, aqueles cheios de claridades, onde há amor e caridade. A postura da alma indica o estado espiritual que ela já alcançou.

A lei é sempre a mesma para tudo, no entanto, ela muda de feição, dependendo di encargo em pauta. Os cientistas e astronautas fazem correções em suas naves espaciais, para que elas não percam o aprumo do ponto desejado, e isso sempre acontece com nós outros. Somos naves espirituais, voando em direção à perfeição; no entanto, devemos por lei, fazer correções em nossas vidas, sempre e sempre, para que possamos chegar ao local do pouso com mais eficiência, e mais rapidez.

Anossaascensãodeveserconstante, nospredispondo em todas as atividades, para que o bem possa ser o clima da nossa vida. Devemos meditar constantemente na postura a que nos entregamos, observando com atenção se temos algo a consertar. Esse é, pois, o nosso trabalho, porque o Senhor já fez o d'Ele com acerto. O errar e acertar é comum no ser humano. A escola da vida consiste nisso e a alma, para vestir um corpo físico, busca outros corpos mais sutis, porém, deve aprender a dominá-los com eficiência, para não perder a harmonia do conjunto. Quantos desequilíbrios notamos na Terra, entre as criaturas, por encontrarmos Espíritos encarnados entregando-se aos tóxicos, às bebidas alcoólicas, ao fumo e às drogas, que lhes fizeram perder o comando de alguns dos seus corpos espirituais!? E o reajuste? Esse é demorado, porque a perda levou grande espaço; uns poucos se recuperam na mesma reencarnação, mas, muitos, por vezes, levam muitas vidas sucessivas, com sofrimentos muitas vezes, de difícil explicação.

A própria obsessão, em muitos casos, é falta de comando em algumas das vestes da alma. Norteemos atitudes, procurando o Cristo na feição de sua volta pela via da Doutrina dos Espíritos, pois é na mensagem do Espiritismo que encontraremos as respostas para esses casos, que a medicina e mesmo as outras religiões desconhecem. É de valor capital outra norma de proceder do enfermo, se a que está levando está piorando a situação psíquica.

Mudemos com Jesus, que novos horizontes se abrirão, nos mostrando caminhos mais saudáveis. Chegou o momento da visão se abrir, da audição desembaraçar-se e a compreensão se estender de forma a dar o conhecimento da verdade, libertando a chama divina que desceu e deve subir para onde veio. O propósito deve ser firme, na firmeza da caridade bem orientada, para que o amor se expresse como um sol dentro do coração e uma força poderosa como luz de Deus no centro da consciência. Quem ainda se encontra preso aos vícios, ignorando os valores que Deus lhe deu, busca o sofrimento e, pela dor, deve, em tempo que não podemos precisar, despertar.

Não devemos entregar a Deus todo o nosso destino, que já é d'Ele em normas absolutas; no entanto, existe a nossa parte de que o espiritualista é consciente, parte a nós destinada e que somente nós temos de fazer. O Senhor já fez a nossa casa mental; basta que a arrumemos, na harmonia que nos pede o amor. Compreende-se que podemos fazer muito em nosso favor, como também dificultar a subida da alma para a luz maior.

Começa o teu trabalho interno, que forças espirituais se movimentam para tua ajuda, sem que a tua razão, por vezes, possa registrar. Isso é Deus em ti, pela força do próprio amor, para te nortear nas tuas mais nobres atitudes.

A nossa ascensão deve ser constante, nos redispondo em todas as atividades, para que o bem possa ser o clima da nossa vida.

31 *Os Pensamentos Falam*

Não é exagero dizer que os pensamentos falam e a sua voz é como que força de Deus, na direção da alma, competindo a cada uma plasmar, nessa força energética, seus sentimentos mais profundos, de conformidade com o despertamento das faculdades mais salientes na sua mente, na mente ativa.

Sustentar assuntos com os outros requer de nossa educação da fala, para que ela não sirva de motivo de escândalos, muito observado no seio das sociedades terrenas. O Cristo de Deus desceu até nós outros com a missão divina de nos fazer compreender o valor do verbo em ação nos nossos lábios, que se expressa em palavras que conduzem ao entendimento.

Anunciamos o que somos em todos os momentos, crendo e fazendo crer aos companheiros o que entendemos, sem por vezes percebermos que o que aceitamos pode não ser a necessidade do próximo, eis porque devemos ter respeito pela audição alheia.

É costume natural de todos os Espíritos, em qualquer reino em que estagiam, comunicar-se com os seus companheiros e, em muitos casos, esquecer os cuidados dois assuntos ventilados aos seus ouvidos; uma palavra que seja mal articulada, envolvida na inferioridade comum aos Espíritos ignorantes, pode fazer estragos imprevisíveis no coração de quem ouve. As grandes catástrofes, nascidas das mentes invigilantes, tiveram início em alocubrações mentais consigo mesmas, depois externadas e colocadas em prática pelos processos naturais. E quantas palavras que esqueceram o bom senso, a disciplina e mesmo a educação cristã que, por vezes desmancham sociedades bem postas, que custaram anos para serem construídas? Quem fala deve saber como anunciar, principalmente o homem de posição de liderança, seja política ou religiosa. As ovelhas seguem o pastor e, se esse cai na fossa, todas sofrem as conseq6uências da sua queda.

O mais interessante é que os pensamentos falam melhor do que a própria voz articulada pelos processos que o corpo físico nos proporciona. E muitos podem ouvi-los, sendo sons idênticos aos do próprio verbo. A transmissão telepática é uma realidade. Os médiuns que possuem o dom de ouvir podem comprovar esse fenômeno extraordinário no ser humano, que acontece igualmente nos próprios Espíritos desencarnados, de Espírito para Espírito, método comum de comunicação entre as criaturas fora do corpo físico. Os processos de falar mentalmente de Espírito a Espírito não têm a barreira das distâncias, pois somente os fios dos pensamentos nos fazem ouvir o que os outros nos desejam transmitir. Assim é feito com os médiuns dotados desta faculdade, na transmissão ou captação de mensagens.

Os médiuns que têm a sagra missão de escrever e de orientar, devem atentar para a conduta que devem levar ante o seu trabalho de servir com Jesus, porque a sua vida é que marca o que deve escutar na intimidade da consciência. A lei de atração é uma verdade e os Espíritos que desejam lhe falar são seus iguais nos ideais. As suas companhias e testemunhas espirituais sentem e pensam do seu mesmo modo de vida.

Vejamos a responsabilidade de vida do nosso modo de ser. Jesus é o Reformador Cósmico, que veio à Terra propor à humanidade mudanças, no que tange à conduta, para seja toda reta, na retidão do amor e da verdade. Fugir desta tarefa com o Mestre é facultar meios para novas voltas à Terra em piores situações; aproveitemos o tempo, esforçando todos os dias, na aquisição da harmonia mental, conforme nos propõe a consciência em Cristo.

A palavra dá aos homens a sequência de vida; ela é universal, no que tange a todos os assuntos e, para tanto, a consciência universal pede educação do verbo e disciplina da língua. Um dos objetivos do Espiritismo é educar esse fenômeno que encanta a todos e que se chama palavra.

Sustentar assuntos com os outros requer de nós a educação da fala, para que ela não sirva de motivo de escândalos.

32 *Construindo Nossa Paz*

De Deus nós construímos a nossa própria paz. Com efeito, sentimos a causa verdadeira a clarear nossos corações, que pulsam por amor Àquele que nos fez, pela própria virtude. A Doutrina dos Espíritos não distribui a felicidade para ninguém, por não ser lei do Criador; ela apenas nos mostra os caminhos para os nossos próprios pés e, mesmo assim, avisa que preparemos os pés, que certamente deverão sangrar ao contacto dos espinhos.

Se queremos construir o nosso ambiente de paz, haveremos de ajudar na paz universal. Os meios são inúmeros, nos rumos de todas as existências, bastando nos apegarmos às oportunidades, com que já sabemos lidar, porque partimos do mundo dos espíritos conscientes desta verdade, a irradiar na nossa acústica espiritual. A consciência se encarrega dessa falguer grandioso.

Cabe a nós outros não perder tempo, principalmente quando já existe certa maturidade na consciência e amor no coração. Qualquer mudança para o bem é louvável aos olhos espirituais que nos dirigem a todos. Sejamos bem-dados em todos os nossos atos que eles, somados todos os dias, avolumam-se e neste crescimento, a vida nos ilumina, nos mostrando que existe a esperança, aprimorando os sentimentos que vibram em nós, pela bondade de Deus, que comanda a vida que criou, para a sua própria glória.

Ao pensares, sê ameno, para que a tua palavra não perca a afabilidade nos sons articulados. Se seguires os processos de educação da mente, os pensamentos acompanharão e as palavras não deixarão de seguir o mesmo ritmo desta verdade.

Milhares de criaturas envergando um fardo físico se encontram sofrendo as consequências dos seus próprios atos, sofrendo por ignorância, onde falta a verdade que liberta. É neste sentido que a Doutrina Espírita veio à Terra, por misericórdia divina, para guiar a humanidade, instruir e educar as almas em estado de confusão. O trabalho é, pois, demorado, mas não claudica; é seguro, por ser ordem de Deus, entregue às mãos de Cristo.

O Senhor constrói a paz na Terra pelos próprios homens, usando das suas faculdades, para que os seus destinos mostrem traços dos seus próprios esforços, devemos nos conscientizar de que a formação do nosso bem-estar depende do começo, que podemos dar com os próprios pés. A afirmação de Kardec de que *"Fora da caridade não há salvação"* é grandiosa para a estrutura da vida, porque a caridade maior é a que praticamos com nós mesmos, que corresponde à educação e disciplina, até chegar no ponto de amar por amor a todas as criaturas.

Os Espíritos superiores nos convidam a todos para

a superioridade e, mesmo envolvidos na matéria, podemos começar a espiritualizar, não só a nós mesmos, mas também a todos os corpos que nos servem de veículos na grande viagem para a eternidade. Fazendo a nossa parte é o bastante, porque o Senhor já fez a d'Ele antes que existíssemos; compete-nos fazer a nossa, em favor de nós mesmos. Entrelacemos as mãos nas do Mestre, para não perdermos a direção do céu, que se encontra dentro de nós mesmos. Se existe o céu exterior, a porta que devemos adentrar se encontra dentro do nosso próprio coração, onde o vigilante é o Mestre dos mestres, a nos ensinar a senha que todos conhecem: AME! Quem ama com Jesus é um sábio.

Constrói a tua paz, começando por dentro, na intimidade da tua alma, porque ela é a morada de Deus.

Ao pensares, sê ameno, para que a tua palavra não perca a afabilidade nos sons articulados.

33 *O Bem Vem de Deus*

Todas as coisas admiráveis vêm de Deus. Somos apenas Seus filhos que, entendendo, O ajudamos como cotrabalhadores, respeitando o que Ele construiu e trabalhando em nós mesmos para despertar os valores que colocou no centro de nossas almas, para a nossa felicidade; por esta razão afirmamos que tudo vem de Deus, com a sua marca divina, para o coração humano.

O bem é anunciado em todas as coisas, de maneira que nos serve de exemplo na construção de nossa felicidade. Tudo no mundo e na vida tem seus meios específicos de confabular uns com os outros, e os mais elevados entendem os que se encontram na retaguarda esperando o tempo, para que possam se elevar no espaço.

Os Espíritos desencarnados não estão livres da influência das paixões inferiores. Somente os Espíritos que vibram na pureza do Cristo sentem o bem e o praticam; sentem a caridade e fazem a benevolência; sentem o amor e amam, por terem passado por todos os planos de aprendizado da Terra, se posicionando agora como agentes de Deus no aprimoramento dos seus próprios irmãos estagiados nas sombras. Eles vivem para, pelos fios do exemplo, acordar os que dormem.

A vida não tem pressa, no entanto, não para: trabalha na harmonia e constrói o amor. A Doutrina dos Espíritos, como revivendo Jesus, anda na nave do progresso mostrando aos homens o alcance da palavra do Senhor. Não neguemos, pois, os chamados que se ouvem por todos os lados, todos os dias, para a grande vinha; operemos com firmeza, trabalhemos por dentro, para que por fora a harmonia se instale automaticamente, pois essa é a glória de quem ouve o Mestre e vive seus preceitos.

Devemos estar empenhados com Ele no serviço do bem, que devemos estudar, frequentemente, escolhendo os melhores modos de vivê-los. Um copo de água que se oferta pode ser de grande valia para quem tem sede; um olhar que se transmite para o sofredor pode mudar de rumo seu destino, como impulso de misericórdia; uma palavra que se transmite para o ouvinte dar-lhe-á um curso de vida melhor, dependendo do seu conteúdo cristão. Se o bem somente vem de Deus, estudemos Suas leis, capacitando-nos com essa força divina, para a divina ascensão dos nossos poderes espirituais.

Devemos anunciar os valores que temos no coração, para que eles sirvam de sementes, nascendo na terra dos corações que ouvem, como plantio de luz, para as claridades da esperança. Por que esmorecer em relação às dádivas celestiais? Somos experimentados todos os dias, para que sirvamos de instrumentos da luz que, encontrando em nós ressonância, ampliam seus valores e ajudam mais, estimulando o bem na grandeza da alegria, estimulando a verdade no crescimento da alma, estimulando o perdão no crescimento da amizade, estimulando a fraternidade para o esplendor da fraternidade e, neste avanço, Deus sempre nos abençoa, animando-nos naquilo e por aquilo que fomos criados. Tornamos a dizer que o bem vem de Deus, tudo nasce do Senhor em procura dos Seus filhos. Não nos preocupemos com os resultados do amor, que pertencem a Deus; para tanto, Ele criou a justiça divina para proteção de todas as criaturas.

Sejamos felizes por estarmos ligados ao Criador.

Se o bem somente vem de Deus, estudemos Suas Leis, capacitando-nos com essa força divina, para a divina ascensão dos nossos poderes espirituais.

34 *Como as Ideias se Unem*

As ideias se unem pela força de atração, onde umas se convergem para as outras, pela lei universal da justiça. Se criamos ideias de ódio, elas certamente atrairão companheiras da mesma estirpe, que lhes consagram a mesma afeição. É neste sentido que devemos fazer, periodicamente, uma apreciação dos nossos pensamentos, que eles são responsáveis pelos pensamentos alheiros, que vêm em busca dos seus semelhantes.

Convém cuidarmos do nosso bem-estar espiritual o mais cedo possível, para que não venhamos a cair em frequentes tentações. Além das ideias, os caminhos dos homens e das coisas, que se agrupam por lei de afinidade espiritual e mesmo física, são inúmeros. Pela nossa averiguação dos pensamentos, palavras e atos, é que anotamos as consequências que poderão advir para os nossos destinos. Se me falares o que pensas, direi quais são as tuas companhias dos dois mundos, pois atraímos o que somos.

Quando passamos a modificar nossa vida íntima, a lei nos dá forças para a modificação da vida externa e, como que por encanto, os iguais se atraem. Alardear o que não somos é falsear a própria vida, que o tempo passa a desmentir. É por esse motivo que o Evangelho nos afirma que a verdade liberta. Tudo o que pretendemos esconder o tempo põe à vista, por ser Deus um sol maior da verdade. Ostentar o que não somos é desvalorizar os que começam a ser.

O que chamamos de harmonia é a expressão verdadeira da justiça; o mal com o mal está em harmonia, o bem com o bem se encontra em harmonia. No entanto, a harmonia divina é consequência do amor, expressando todo o bem que a vida nos mostra, irradiando em toda a criação. As próprias letras que servem para expressar nossos pensamentos se unem por harmonia, que cremos divina, sem que entre nós impere a ostentação. Por outro lado, existem muitos escritos em harmonia que destroem e facilitam as trevas; onde se reúnem letras com sentido negativo podem surgir as paixões inferiores, o orgulho e o egoísmo.

Da nossa mente saem constantemente grupos de ideias que volitam nos espaços à procura de suas iguais e, as encontrando, avolumam-se mais e podem fazer muito bem, ou destruir muitos ambientes que estavam direcionados para o bem. As guerras são nascidas de fontes destruidoras, onde impera a ignorância. A fatuidade se alastra na Terra em proporções que os próprios homens não avaliam, mas de cuja disseminação fazem parte. Os pais desejam que seus filhos sejam limpos dos vícios que assolam a juventude; no entanto, eles mesmos estão, por vezes, presos a eles: conversam com os filhos, mostrando-lhes o perigo e onde rondam os distúrbios morais, entretanto, se esquecem de corrigir a si mesmos, no que tange às paixões inferiores. Ostentam, muitas vezes, o caldo imundo da vergonha e gritam em altas vozes pela pureza dos sentimentos, esquecendo-se que a maior força que educa os que nos acompanham é o exemplo no bem que desejamos aos que conosco andam em caminho.

Estamos autorizados, pelas forças maiores, para alertarmos os homens que o século que passa é o da mente e da educação da mesma. Não estamos falando em vão; é o momento de mudanças morais, principalmente para os brasileiros, que não devem se preocupar em copiar as extravagâncias de outros povos que ostentam a bandeira da ciência, sem que o amor, do modo que o Cristo nos ensinou, acompanhe esse trajeto da verdade. A ciência, sem a fraternidade no coração, é fria. O Brasil está em preparativos finais para derramar a luz no mundo inteiro, fenômeno em que as mãos do Cristo deverão operar para as devidas separações, onde a justiça falará pela lei da afinidade dos corações em paz, daqueles que ainda procuram a discórdia.

Os homens devem indagar de si mesmos o que fazer, se já não estão fazendo o melhor com Jesus. Estamos prontos para ajudar aqueles que derem os primeiros passos na senda do amor e da verdade, para nos unirmos pela mesma lei, que nos assiste a todos.

A maior força que educa os que nos acompanham é o exemplo no bem que desejamos aos que conosco andam em caminho.

35 *Quebrando a Casca*

Em se falando de conhecimento espiritual, estamos envolvidos em um cascão grosseiro, que não deixa passar para o consciente as mensagens elevadas, cujas interpretações, por isso, sempre são deficientes. Para surgir do ovo, o pinto luta com todo o seu esforço e, em muitos casos, precisa da ajuda da mãe, embora esse trabalho seja dele.

A vida, mesmo quando começa, exige esforço próprio daquele que vai viver os caminhos do mundo; ela se nos apresenta como que um empório, no qual devemos penetrar passo a passo, observando as condições e reunindo experiências. Podemos observar certos exemplos da natureza, em que podemos nos estribar com segurança: ainda que alguém coloque o alimento em nossa boca, nós é que temos de mastigá-lo e engoli-lo; se alguém nos oferece água para beber, somente nós é que temos condições de sorvê-la; os olhos são usados por nós, os pensamentos se expressam em forma de palavras, que temos de nos esforçar para articulá-las. Compreende-se daí que o esforço próprio haverá de ser acionado pelos nossos próprios impulsos. Cada um carrega a sua cruz e sobe o seu próprio *calvário*, porque a glória, em todos os rumos da vitória, é também de cada um.

A vida universal acionada pelas leis de Deus nos mostra uma graduação de valores espirituais, porém, não deixa de nos apontar o preço que deve custar. Se já conquistamos valores morais no tempo que nos foi confiado, não devemos alardear, como se estivéssemos em busca de glórias efêmeras; Alguém, no mais alto, se encarrega disso com sabedoria e desvelo. O nosso dever é realizar o melhor na cidade do coração, sem o azinhavre do egoísmo. Compete a todos nós aumentar a nossa fé, pois ela é produto da consciência do bem em que devemos permanecer e dos valores morais que a nossa vida deve mostrar o silêncio. Apregoar o que fazemos de bom é desmerecer a grandeza da benevolência, toda exibição preconcebida se desmoraliza breve, principalmente quando não existe segurança moral do exibidor.

Avancemos fronteiras para alcançarmos horizontes mais amplos da vida, sem debitar na consciência os estragos do exibicionismo falso. O verdadeiro sábio não se desespera, não anda em correria com seus deveres ante a vida, mas também não para, nem distrai sua atenção rumo às realidades, por saber, pelo Evangelho, que quem perseverar até o fim será salvo.

Estamos sempre envolvidos em diversos cascões do orgulho e do egoísmo, donde são gerados todos os males da humanidade e, se estamos nascendo para a vida maior, é de nosso dever quebrá-los, na sequência que o tempo nos pede, para respirarmos novas vidas e colhermos experiências diferentes, o que nos dá grandes esperanças.

A Terra é uma prisão; no entanto, ela pode ser uma

porta para a espiritualidade maior, dependendo do modo que entendemos as lições; o mundo atual se encontra enriquecido de lições de porte dos mais elevados, que existem em planos distantes do planeta. E muitos clamam, em súplicas demoradas, pedindo aos Céus que enviem santos e sábios para ensinar-lhes, sem saber que se encontram entre muitos mestres, que sofrem para que a humanidade se eleve.

Os seres humanos andam à procura de atalhos e coisas fáceis, esquecendo-se que Jesus, o Governador da Terra, passou por caminhos estreitos, cheios de espinhos, nasceu no meio da ignorância, onde os condicionamentos da maldade eram tantos que chegavam ao ponto da autodestruição, para garantir os erros milenários de sacerdotes ultrapassados em matéria de interpretações das leis do Divino Doador do universo.

Na verdade, devemos desconfiar das coisas fáceis, da bajulação e dos próprios impulsos de autopromoção. Para subir, é necessário crescer; para crescer é indispensável sacrifício e o sacrifício útil é aquele que se refere à suspensão das paixões inferiores.

Quebremos a casca do ovo interno em que estamos envolvidos, pela prisão da ignorância, que depois disso poderemos ver as estrelas brilharem com todos os sóis, nos céus da consciência.

Para subir, é necessário crescer; para crescer é indispensável sacrifício e o sacrifício útil é aquele que se refere à suspensão das paixões interiores.

36 *Educação Demorada*

O preâmbulo da educação é a vontade de melhorar moralmente. Quem deseja a harmonia interior busca, com frequência, a educação dos sentimentos, sem esquecer as variadas formas que pode usar na iluminação interior. Marcar datas para começar esse trabalho divino é dormir na hora de acordar, é não desejar que o sol saia para o seu próprio aquecimento.

Devemos nos aclimar em todos os ambientes da vida. Quando queremos nos instruir somente através da busca do saber, é como se quiséssemos voar com algo nos faltando para o completo voo. Ganhar tempo é buscar entender todas as leis de Deus expressas em duplicidade na natureza e na consciência. Elas irradiam tanto quanto precisamos delas, que sentem e obedecem aos impulsos da mente divina. O coração sente a vontade de Deus e quando passa a obedecê-la, a consciência começa a iluminar-se e a cidade interior entra em plena harmonia com a divindade. Todo espiritualista sincero compreende esses caminhos e trabalha por dentro para ser visível por fora, sem ostentação. A educação é demorada, no entanto, a alma não deve esmorecer nem se impressionar com o tempo, pois, é o próprio tempo que lhe via facultar esse bem-estar que nasce de dentro para fora, mostrando que a vida é de Deus e que Ele a comanda com sapiência nos moldes apreciáveis em que lhe compete agir.

Tudo precisa de adestramento para melhorar, e a disciplina é o mesmo amor em faixa diferente; poderemos notar sua importância começando a verificar as pedras, educadas pela disciplina em uma construção, as árvores no serviço do lar, a água encanada em favor da humanidade, o ar que o sistema respiratório leva aos pulmões, os raios do sol que aquecem a todos, os tecidos que serem de vestuários, os alimentos, as próprias letras que ora nos servem para escrever e que, educadas, transmitem fielmente os nossos pensamentos... Nesta sequência, notaremos o resto.

O homem não deve fugir da educação, quando a natureza chamá-lo a ela, e mesmo que demore, não deve cruzar os braços; que faça a sua parte no autopolimento das suas qualidades porque, neste esforço, notará como a vida melhora em todos os rumos. Que cultive os pensamentos, fazendo expressar em bom som a sua vida reta e domestique as palavras porque elas, bem orientadas, agradam a quem ouve e muito mais a quem fala; o desmazelo é empenho do desequilibrado. E que não se importe com a demora, que frequentemente ocorre na linha da educação, porque depois de restabelecida a harmonia na nossa vida, ela permanece sempre, irradiando paz e recolhendo mais vida para a nossa vida. O educando não está sozinho; muitos companheiros espirituais o acompanham no silêncio, ajudando-o a entender o que é educação individual, e o que fazem por amor. Quando compreender essa forma divina da caridade, passará a fazer o mesmo por aqueles que o acompanham, por vezes, na retaguarda.

A educação serve tão somente para os homens; ela se estende a tudo que existe, só que as diferenciações são múltiplas, na ação da natureza. Quantos na Terra entendem erroneamente a educação! Ela não se faz somente nos bancos das escolas, não significa apenas receber diplomas nos cursos da vida; é aprimorar os sentimentos, na harmonia com Jesus, o maior educador do Planeta, que nos deixou a grande herança, o Evangelho.

Não percamos nosso tempo precioso ao longo dos dias! Quanto gasta a natureza para sustentar as vinte e quatro horas em favor da humanidade? Meditemos no dinamismo do sistema solar, vivendo sob a força da educação, na expressão da pura harmonia, ofertando-nos tudo para a nossa felicidade, em favor da educação de nossas almas! Observando-se a Terra em relação ao Sol, tem-se a impressão que ela está devagar, mas não para; os planetas fazem o mesmo, e a luz circula levando a sua mensagem de disciplina em todos os rumos. Basta uma simples observação, para que compreendamos essa verdade.

Pensemos na natureza, que ela nos ajuda muito no processo de nossa educação, e em seguida nos instrui em Cristo, para a integração com Deus.

Quem deseja a harmonia interior busca, com frequência, a educação dos sentimentos, sem esquecer as variadas formas que pode usar na iluminação interior.

37 *Desistir é Pior*

Cada um dos companheiros que se encontram na Terra tem uma missão a cumprir diante dos outros irmãos, como perante a sua própria consciência, onde se encontra a Divindade.

Como recuar, quando chamado e, certamente, escolhido para tal desempenho? A covardia brinca com os nossos sentimentos e chega a levar a alma ao desespero. Cada vez que tomemos novos corpos, são novos horizontes que se abrem à nossa frente, mostrando-nos o porvir cheio de encantos.

A vida é uma ciência divina, dentro da divindade maior, e quem começa a sentir o Criador em todos os seus passos não teme as dificuldades, nem ignora os problemas dos caminhos, por saber que são eles nossos mestres. Se desistir é pior, por que desistir? Tudo avança, desde a matéria primitiva aos mundos que circulam no espaço, como bailarinos celestiais.

A alma é, pode-se dizer,uma bênção maior. Como afracar-se diante dos seus deveres, ensejo esse de grande crescimento? A alegria pura vem do cumprimento das obrigações. O amor a Deus em todas as coisas é produto do respeito às leis criadas pelo Supremo Mandatário da vida. A caridade por que nos interessamos praticar é resultado da consciência adquirida de que todos os Espíritos são filhos do mesmo Pai de Amor e de que estamos sempre precisando dos outros para viver. O que acontece com o Espírito que deserta das suas obrigações, esquecendo-se dos deveres a ele entregues pela vida? Advém-lhe logo a tristeza, nuvens negras cobrem a sua consciência e chuvas de melancolia inundam céus e terras de sua intimidade.

O Cristo desceu à Terra para nos ensinar, pela verdade, a nos libertar de todos esses abalos inferiores, das paixões negras que avançam pelos canais da ignorância e o seu amor foi tanto, que disse ainda que enviaria outro consolador, para que ficasse conosco eternamente. E o consolador veio na forma de uma doutrina, porque somente assim poderia ficar junto a toda a humanidade sempre e sempre. Surgiu a Doutrina Espírita, anunciada e alimentada pelos Espíritos sublimados, de modo a mostrar a esperança para as criaturas atribuladas em todas as nações do mundo. Quem já se encontra de posse da presença desse consolador, que se esforce para acompanhá-lo, pois ele viaja com o progresso, mostrando sempre coisas novas, de maneira a educar, a instruir e a amar, desenvolvendo a caridade, para que o coração se irmane com a consciência, salvando todas as almas pelos seus próprios esforços.

Por que desistir? Avançar sempre, esta é a lei. O dever dos que caem é levantar e tornar a andar, porque as esperanças de quem anda são renovadas em Cristo, e a sua fé aumentada, enfrentando a razão frente a frente.

É necessário fazer uma apreciação no nosso modo

de ser, para que seja modelado no bem. Quem alegra os outros, encontra alegria em seus caminhos; quem ama as criaturas encontra sempre amor por onde transita. Quem ajuda na recuperação da saúde alheia está se curando das suas prováveis enfermidades; quem perdoa as faltas dos irmãos ignorantes depara permanentemente com as desculpas de seus semelhantes.

Se o Cristo já está nascendo no teu coração, faze por onde Ele cresça cada vez mais e encontre lugar permanentemente em tua alma, por ser motivo de glória para a tua vida. Não deixes afrouxar os teus interesses pelo amor; que o amanhã dar-te-á a resposta das tuas elevadas decisões. Educa-te em todas as escolas que a natureza te oferecer, por ser ela o grande ser que comanda a todos, por amor. Jamais desistas dos teus deveres, de que Deus te incumbiu, mesmo que encontres os maiores obstáculos. Recuar no caminho é não confiar n'Aquele que é o Caminho, a Verdade e a Vida.

Por que desistir? Avançar sempre, esta é a lei. O dever dos que caem é levantar e tornar a andar, porque as esperanças de quem anda são renovadas em Cristo.

38 *Purificar a Atmosfera*

Em torno de cada ser existe uma atmosfera, energia essa vertida de inúmeras fontes, que assimilam com propriedade os sentimentos de quem a comanda. Falamos do ambiente da alma, por essa ser consciente e ter alcançado o poder de raciocinar, mas essa atmosfera a que nos referimos existe igualmente em todas as coisas.

O dever do Espírito – encarnado ou desencarnado – é purificar essa energia que nos circunda, pelos processos que o Evangelho de Nosso Senhor nos ensina, e que a Doutrina dos Espíritos continua a nos orientar para o acrisolamento dessa atmosfera, que mostra o que somos, na escala a que pertencemos.

A criatura sublimada expressa em torno de si luzes de variados tons, cores variadas falando da sua intimidade; os Espíritos superiores nos conhecem, avaliando os nossos valores, do modo por que expressamos os nossos sentimentos. A ignorância é que nos faz usar dos poderes alcançados para turvar a nossa atmosfera, como que em época de chuva na Terra, onde o céu fica carregado de nuvens, trovões e relâmpagos, escurecendo todo o ambiente; assim acontece nos céus da nossa mente, quando estamos carregados de ódio, fazendo chover no nosso próprio ambiente a inveja e a discórdia, o orgulho e o egoísmo.

Tudo o que contraria as leis naturais perturba a nossa intimidade, desarmonizando o campo mental, a nos fazer sentir a infelicidade, mesmo que estejamos sendo assistidos pela luz que sempre acontece. Convém a todas as criaturas observar a verdade, estudá-la e conscientizar-se dela, com seus valores morais e espirituais. Um dia de tristeza nos parece um ano de sofrimentos, sem perspectivas de melhorar; se conhecemos sua influência perniciosa, por que teimar nessa negatividade? Se a melancolia nos traz aborrecimentos, pelas experiências, se o ódio nos faz sofrer e a violência desequilibra nossas emoções mais elevadas, por que insistir? Sirvamo-nos da confiança que amplia nossa esperança, do amor que nos salva da ignorância, do perdão que nos estimula para a paz de consciência, que neste ritmo poderemos alcançar os caminhos da felicidade.

Purificar a atmosfera é entender as leis naturais e esforçar-se para vivê-las; se o esforço está quase nulo, pelo ambiente em que vivemos, não devemos esmorecer, pois aquele que perseverar até o fim será salvo, diz o Evangelho. Quando o Espírito ama verdadeiramente, a sua atmosfera se encontra iluminada, mostrando um azul encantador, cuja força lhe dá vida e alegria. Falamos do amor que abrange todas as virtudes, e cada qual se mostra em um colorido específico, aromatizando a sua vida dentro da vida do Criador.

Acrisolemos a nossa existência nos moldes mais puros que o Evangelho nos mostra, que o alcance será contínuo, e o amor vai se mostrando cada vez mais elevado, com completo domínio das nossas emoções. Castificar os nossos pensamentos é abrir a vida para o que chamamos de felicidade, para o que entendemos ser "tranquilidade imperturbável da consciência". Procuremos por em andamento todas as lições de Jesus, despertando o Cristo no coração, para que Ele seja motivo de glória no centro d'alma.

Salientemos, pois, a vida moral dentro da vida que levamos, onde estivermos, porque a vivência torna-se uma radiação de luz, que percorre todo o universo, chegando, em primeira mão, à consciência do Criador. Ele sabe todas as coisas, por ter criado as leis que O representam e pelos atributos puros que Lhe pertencem. Não basta termos inteligência, pois ela pode ser direcionada para o mal, gerando desequilíbrios inumeráveis; necessário se faz que junto dela, dirigindo-a, esteja o amor, aquele que Jesus viveu, para mostrar à humanidade como devemos viver.

O espiritualista sabe como iluminar a atmosfera em torno de si, mas, como isso exige um esforço muito elevado, sempre nos esquecemos, dado seus caminhos serem cheios de espinhos, dor e sacrifícios. Eis a cruz que o Mestre sempre nos apresenta, mostrando aquela que Ele carregou subindo o Calvário.

A nossa iluminação depende muito de nós, das mudanças operadas na nossa intimidade. O tempo está chegando, e estamos sendo chamados e escolhidos para a paz, com trabalho no bem comum. Acionemos as mãos na caridade, em todas as direções e nas faixas que a sabedoria divina nos mostra, nas pegadas das leis universais, que a nossa atmosfera de energia mostrará a existência do sol interior no nosso coração.

Se a melancolia nos traz aborrecimentos, pela experiências, se o ódio nos faz sofrer e a violência desequilibra nossas emoções mais elevadas, por que insistir?

39 *O Valor da Caridade*

A caridade é valiosa em todos os seus excelentes aspectos de vida. Entendemos o termo caridade pelo prazer da alma em fazer o bem sem ostentação. No entanto, a caridade mais importante, para quem a pratica, é aquela que não constrange, que não aborrece, que não se vende, que não cobra, que não estipula condições, que não pode, mas sempre dá. Em todos os seus estímulos, lembra o amor nas suas inúmeras divisões da fraternidade. A caridade caminha sempre para a sublimação, passo a passo, degrau a degrau, não podendo ter exigências, para não se tornar em violência; não pode ser vendida, para não se tornar comércio; não pode aborrecer, por ser ela de origem divina; não pode ter violência, por ser ela o Amor. Mas para que a benevolência seja mais pura, é preciso que antes tenha o preâmbulo do discernimento da verdade, dos deveres e das obrigações de cada um.

Quem conhece a sua posição e a dos outros em todas as faixas de vida, pratica a caridade com conhecimento de causa, e ela passa a salvar o seu praticante; ela não é simplesmente tomar o filho de outrem para criar, atendendo a conveniências superficiais, não é abrir as portas da casa para que morem nela os que dormem nas calçadas por comodismo, ou os que se encontram nas penitenciárias por equívocos cometidos... Por essas coisas poderemos conhecer o que é a verdadeira caridade: podemos ajudar ao faminto a ganhar o seu próprio pão; à mãe aflita a tratar do seu próprio filho e alimentá-lo, aos encarcerados, pelos meios de que dispomos, a não irem contra as leis estabelecidas na Terra para corrigi-los.

Se verdadeiramente desejamos fazer caridade, comecemos dentro de nós em primeira instância, pois, na nossa intimidade existe um mundo, por vezes não imaginado, a ser consertado, pelos nossos pensamentos, pelas nossas palavras, pela nossa vida; depois, passemos a fazê-la no nosso próprio lar, como sendo um convite para todos os familiares.

É inestimável todo o esforço que se possa fazer para ser caridoso, sem o fanatismo das primeiras horas, que se faça o que se puder para ser envolvido por essa senhora de porte grandioso, que desce do céu para os corações dos Espíritos e desses para todos os seres viventes e, mesmo, para as coisas que chamemos de inanimadas, pois todas as coisas amadas nos respondem, pelo alcance que já atingiram, na escala dos despertamentos espirituais.

Necessário é que se dê preferência, nas nossas atitudes, ao bom senso, que é o regulador de todas as virtudes que queiramos alojar no coração; tudo carece de equilíbrio, porque a harmonia na vida da alma é fascinante, espargindo luzes de todos os matizes para fora e para dentro dos dois mundos que nos acolhem.

De qualquer sorte, todo tipo de caridade é valiosa. Ela não precisa ter grandes movimentos nem se empenhar com muito dinheiro: vejamos a que Jesus apontou como a caridade maior, ante aqueles dois denários da viúva, pelo modo que foi praticada, sem registro do gazofilácio.

Qualquer um pode fazer a caridade valiosa, porque os sentimentos que a acompanham é que dão a tonalidade divina, na divina expressão do amor. Antecedendo ao ato de dar, é preciso que haja amor no coração, a doar primeiramente fraternidade com o prazer de servir. Paulo de Tarso sentiu a felicidade desta caridade quando escreveu sobre ela, sublimando esse dom divino.

Se já despertaste para a caridade, faze-a com alegria, de modo que essa alegria se transforme em paz, e que essa paz se transmute em bem-estar, computando forças de todos os tipos para o bem comum; e na soma de todas elas, aparecerá o amor, como o sol nascido do coração de quem dá, em plena sintonia com o coração de Deus.

Antecedendo ao ato de dar, é preciso que haja amor no coração, a doar primeiramente a fraternidade, com o prazer de servir.

40 *Não Esquecer o Cristo*

Em todas as nossas ações não devemos nos esquecer de Nosso Senhor Jesus Cristo, esse Comandante Divino, dentro da divina vida de Deus, a nos guiar com amor pelos caminhos que precisamos trilhar. Devemos pedir a Jesus para nos ajudar na direção da nossa mente, devemos pedir ao Mestre dos mestres para nos ajudar a guiar nossos olhos, devemos implorar ao Senhor para dar melhor direção aos nossos pés, palavras e sentimentos. Essa rogativa deve se estender a todas as coisas. Que Ele seja a força invisível que nos acompanhar a todos, deixando a intuição do amor em nossos corações para sempre!

Não esquecer o Cristo
não é fixar n'Ele o pensamento,
como que atendendo ao fanatismo religioso
de determinadas seitas.
Não esquecer o Cristo
é somente fazer a vontade de Deus,
ensinada por Ele e exemplificada
pela Sua presença na Terra,

que se transformou no divino livro –
o Evangelho – cópia do livro da natureza,
escrito por Deus, pelas mãos do Seu amor.
Não esquecer o Cristo
é ser justo em todos os momentos,
é ser bom sem conivência com o mal,
é perdoar todas as ofensas – notadamente
as calúnias – sem anunciar esse feito.
Não esquecer o Cristo
é ser trabalhador sem que o tempo
seja morto pela displicência.
Não esquecer o Cristo
é ser justo e ponderado em todos os
acontecimentos,
para que o amor possa florir nos outros,
procedendo do coração que busca a educação.
Não esquecer o Cristo
é amar,
sem que a exigência surja pedindo/reciprocidade;
é viver alegre
na alegria pura que estimula a vida
e não teme a morte,
por ser ela uma libertação,
que não deve ser voluntariamente procurada.

Senhor!... Que a Tua paz seja a nossa paz, que a Tua paz ilumine nossos deveres, que a Tua personalidade divina dê forças à nossa, que é humana. E não nos deixes cair no esquecimento da verdade, lembrando-nos do Teu amor na hora da alimentação, no momento de sorver a água, de vestir os nossos vestuários, no trabalho, no lazer, nas conversações e na audição... Como patrão e como empregado, como pai e como filho, como irmão e como parente, assumindo alta posição, ou como simples servidor, nas direções dos templos e como assistente, nas viagens e dentro do lar...

Queremos falar como o apóstolo dos gentios: tudo isso é motivo de glória. Estamos Te pedindo, Jesus, tudo isso, no entanto, sabemos que, se dermos os primeiros passos, estarás conosco no resto das andanças, a nos ajudar na libertação, pelo conhecimento da verdade.

Não podemos Te esquecer, por seres para todos nós o motivo de vida. Que as Tuas mãos nos aqueçam nos pensamentos mais puros e nas palavras mais elevadas, e que os nossos passos deixem, Senhor, exemplos nobres para os que nos seguem! Que a tua vida seja a nossa vida!

Entendamos a vida, para que ela possa nos servir. Descubramos o céu dentro de nós, para que possamos desfrutar da felicidade que tanto procuramos! Quem deseja melhorar, encontra a melhora diante de si, abrindo-lhe os braços em um encontro de amor. Perder a oportunidade de aprender educando e instruindo é deixar a felicidade para depois, o que não nos convém aceitar.

O homem virtuoso irradia o Senhor sempre e sempre, porque essa irradiação sustenta a vida, na vida dos anjos, e os anjos ligados a Deus cobrem-nos de esperança divina.

Que Jesus seja a força invisível que nos acompanha a todos, deixando a intuição do amor em nossos corações para sempre.

41 *A Oração é o Caminho*

Todas as religiões valorizam a oração nos seus aspectos valiosos de elevar a alma acima da vida que leva, respirando mais além, na sustentação da sua vida em Deus. A prece nos coloca na predisposição do florescimento espiritual, capacitando-nos de modo a entender as bênçãos de Deus e usá-las no conforto do coração.

Assim como existem o sol, a chuva e os alimentos em benefício da humanidade, a oração é como o recurso da alma cansada e oprimida, que pode e deve buscar socorro, súplica essa que aumenta a esperança no porvir.

A criança ora pelo choro, ao nascer; o jovem ora pelo esforço que faz no aprendizado; o velho ora na dor, e o moribundo ora ao passar pela porta estreita da morte. A vida é, pois, um cântico eterno, na eternidade de Deus. Os minerais, os animais, as plantas, enfim, todos têm suas modalidades de orar ao Criador, dentro dos seus padrões de vida e de escada de ascensão. Os astros oram nos bailados celestiais, que se correspondem na sua linguagem; tudo se comunica e o Senhor conhece todas as falas, em todos os níveis. É o amor, nas suas variadas faixas!

O homem precisa aprender a orar no que tange à vida imortal.

A prece verdadeira para a alma é aquela que nasce dos pensamentos puros, que verte dos lábios onde não haja harmonia. A vida pode ser um cântico de orações permanentes Àquele que tudo fez. Isso é um *horizonte da vida*, em aspectos diferenciados, que o mundo espiritual entende, e sempre nos dá respostas, no nosso entendimento.

A oração é o alimento do Espírito, quando feita com amor. Evidencia-se daí que precisamos orar todos os dias, colocando a nossa vida em plena sintonia com a vida do Criador. Não podemos entender por oração somente palavras saídas dos lábios; é a vida que levamos. Peçamos a Deus, mas pelas nossas disposições, pois os atos falam mais alto do que as próprias palavras.

Se o homem vibra em ódio por alguém, é semente lançada que deve ser devolvida à natureza com a mesma vibração. Se ofende às criaturas, está plantando o germe destas ações, que se tornarão em ações da mesma espécie. Se espalha a tristeza por onde anda, certamente que a melancolia perseguirá o seu coração por onde quer que seja. Essa é a justiça de Deus pelas linhas da natureza, em forma de leis.

O Evangelho nos manda orar por aqueles que nos perseguem e nos caluniam, para que não entremos com eles na mesma faixa das inferioridades. Acentuemos as nossa vidas no padrão da vida de Cristo, procuremos nos esforçar em todos os rumos, para conhecermos a nós mesmos, e não alimentemos as paixões inferiores, pois elas nos fazem sofrer, por serem sementes do mal, que lançamos ao solo alheio.

"Quando orares", disse Jesus, "entra no teu aposento e ora ao teu Pai em secreto". Fecha-te no teu aposento interior e fala a Deus pelo exemplo dignificante, sem o barulho das palavras vazias, ora com a vida em Cristo, onde mora Deus, libertando-te o coração. A própria dor é uma prece que o Espírito encarnado faz com o organismo em depressão, para que possa ajudar a si mesmo. A súplica é força de Deus no centro da nossa vida. Orar é entender que existe alguém acima de nós, como *pai* e *mãe* de todas as criaturas. Vamos orar!

Procuremos entender as coisas e as nossas próprias necessidades, procuremos conhecer nossos deveres para com a vida, que a vida nos responderá na altura da nossa carência de vida.

São *horizontes da vida*, que mostram ao sofredor um mundo novo, cheio de esperanças.

A oração é como o recurso da alma cansada e oprimida, que pode e deve buscar socorro.

42 *Reunião Espírita*

A Doutrina Espírita não poderia, na sua feição de Cristianismo, mudas certas diretrizes, cuja formação corresponde à base doutrinária, como sejam reuniões, onde todos se congregam com a mesma finalidade, de compreender as leis estabelecidas pelo Criador, de trocar experiências daquilo que já alcançaram no roteiro percorrido e de outras mais que não precisamos mencionar, para se compreender os objetivos.

São vários os *horizontes da vida* onde poderemos enriquecer nosso celeiro, para que a sabedoria cresça, atingindo o porvir cheio de esperanças. É nosso dever acentuar que o Espiritismo nunca se esquece do progresso, viajando com ele em todas as direções, entregando a cada geração a mensagem mais límpida e mais enriquecida de valores imortais da própria vida.

A obra da codificação é o sinal de luz condensada por natureza divina, que com o tempo e as necessidades humanas deve expandir-se, servindo àqueles que vieram depois, e as mensagens atuais deverão ser melhoradas para os que vierem amanhã em busca de novos ensinamentos, de acordo com o grau que atingirem na escala do despertamento espiritual. Doutrina

Espírita é viagem da luz em todos os mundos conscientes, entregando a cada criatura o que ela pode receber. Há muitos companheiros que gostam de fixar-se na retaguarda, mesmo sabendo o valor do progresso. A luz deve salientar seus valores, não podendo ser de outra forma. Se a verdade é gradativa, conforme o tamanho espiritual, como pode paralisar? Devemos destacar que existem muitos pontos doutrinários irremovíveis, como sejam o amor, a caridade, o perdão e tantos outros mais; no entanto, convém ressaltar que o amor tem muitas faixas, que a caridade tem inúmeras modalidades e que o perdão é elástico na sua manifestação.

O amor se manifesta, no princípio, como interesse, ou por vezes troca de carinhos ou valores materiais; não obstante, esse amor, irradiado no coração elevado, já passa para outra posição mais enriquecida, como nos informa Paulo de Tarso nos seus escritos.

A caridade, nos primórdios, se expressava como sendo uma doação de alguns vinténs aos necessitados, um prato de comida ou uma côdea de pão; todavia, a caridade de hoje é aquela conduzida pelo raciocínio de despertar no homem os seus valores de dignidade divina, que o induzem a participar conscientemente do seu progresso.

O perdão, em tempos idos, era balbuciar "setenta vezes sete vezes" eu te perdoo. O perdão, nos momentos atuais, para os esclarecidos, é o esquecimento das faltas sofridas.

A doutrina não saiu das bases que orienta, mas cresceu no aprimoramento dos conceitos, como sendo uma verdade mais destacada. As reuniões espíritas, no passado, se resumiam em reunir em torno de uma mesa um grupo de pessoas, com mais curiosidade de ouvir os Espíritos falarem, e as perguntas a eles não passavam muitas vezes de banalidades, em se comparando às de hoje, com a Doutrina mais assimilada. Eis aí o avanço progressivo da Doutrina dos Espíritos!

Nossa análise objetiva os corações que estão chegando à Terra, para que encontrem meios, com a bagagem que trouxeram do mundo espiritual, de dar prosseguimento à mensagem do Cristo, com a finalidade de libertar as criaturas.

Não nos apeguemos à letra dos livros sagrados! Para cada época existem interpretações especiais, mostrando-nos valores maiores, mas evidenciando o amor, sempre mostrando com mais brilho a caridade, sem esquecimento do perdão.

O que devemos fazer sempre é colocar em relevo a personalidade marcante de Nosso Senhor Jesus Cristo, para que possa fazer mais luz em nossos caminhos, pelas nossas próprias mãos. Ressalta-se daí que estamos entendendo a mensagem de Deus no século que vivemos, e isso ser-nos-á uma glória correspondendo a caminhos de esperanças. O que queremos dizer é que os *horizontes da vida* devem ser entendidos e compreendidos por todas as gerações, de acordo com o despertamento alcançado. Nós nos alistamos neste empenho, tendo em Jesus a porta por onde sentimos a Divindade com mais florescimento de luz e amor.

O perdão, em tempos idos, era balbuciar "setenta vezes sete vezes" eu te perdoo. O perdão, nos momentos atuais, para os esclarecimentos, é o esquecimento das falas sofridas.

43 *Transmissão de Energia*

Todos temos a capacidade de transmitir energias onde quer que seja; são valores permutáveis entre os homens e os Espíritos. No entanto, é preciso saber, para ajudar com mais eficácia. Os nossos pensamentos são poções energéticas a nós entregues pela Divindade, para que possamos delas fazer uso, dentro da liberdade que temos ao nosso dispor.

As nossas ideias são alentos capazes de levantar caídos, curar enfermos, instruir ignorantes e ainda estabelecer paz onde haja guerra. A palavra é força de potencialidade invejável, que pode construir quando ligada em Cristo. Para ajudar alguém que sofre, usemos em primeiro lugar a palavra, escolhendo o que falar, deixando o verbo ser envolvido em vitalidades valiosas do amor, para que esse amor se transforme em saúde e paz espiritual.

Podemos transmitir energia a outrem pelo olhar, dentro da mansuetude dos sentimentos. Podemos imantar, de ânimo e fé, o companheiro que conosco conversa, pela nossa disposição, onde a fraternidade acompanha o ardor da caridade.

Ainda mais as nossas mãos são canais por onde a luz pode percorrer sem embaraço para os corações sofredores, na solução de problemas incontáveis.

Tudo o que se faz pode ser envolvido em força divina, dependendo do que se sente de luz, com a presença do amor. É necessário educar os pensamentos, nos preceitos do Evangelho, avançando para a disciplina das palavras, que o estímulo da sua presença tornar-se-á em clima de maior paz no coração que sofre. Que não se perca a oportunidade, quando ela surgir à sua frente, de ajudar servindo de instrumento do bem comum.

Façamos a vontade de Deus, que sempre nos transmite os meios para que possamos fazer o bem. Por que recuar? Jesus nunca parou na cooperação com Deus, no soerguimento dos homens: escreveu o evangelho em a natureza e ainda estabeleceu o clima superior para que os homens, seus discípulos, pudessem escrever no mundo o Evangelho da Terra, pálido reflexo da boa nova do céu.

Basta um pequeno esforço para que possamos ajudar; entretanto, devemos saber como ajudar melhor, nos momentos certos e horas exatas, para que o necessitado se eduque e se instruam usando as suas próprias forças para se manter, nos caminhos que percorre. Deus não esquece de ajudar a todos: recebemos somente o que merecemos. As portas da nossa elevação que se abrem à luz dependem dos nossos esforços; quando aprendemos a abri-las, tudo se torna mais fácil, indicando os caminhos da nossa felicidade.

Vejamos a beleza da vida, na vida universal! Os poderes de Deus estão concedidos para os Espíritos na altura de seus despertamentos espirituais, e descobrir essas forças depende dos nossos sentimentos de amor em favor da humanidade;

não depende de sermos religiosos e, em qualquer lugar a que formos chamados a servir, os ensejos nos aparecem para o grande aprendizado. E o espírita tem mais responsabilidade, por conhecer mais de perto as leis; basta que as coloque em prática, para que a luz floresça no coração e a vitalidade em Cristo brilhe na consciência!

O dinamismo do coração ainda é desconhecido entre as criaturas; Deus oferece a cada um, abençoando, como que um quilate de luz, para que se possa mover um mundo. Escutamos sempre o camponês falar "se o boi soubesse a força que tem, que seria de nós? E nós falamos que se o homem tivesse consciência de seus poderes, despertando-os sem a devida educação dos sentimentos, o que seria da vida? Tudo vem a seu tempo, e o Senhor espera a maturidade das almas para grandes revelações. As bombas que os países chamados desenvolvidos fabricam, em comparação à força mental de um só na crista da evolução espiritual, podemos dizer que significa o riscar de um fósforo, e nada mais. A mente do Espírito é uma mente de Deus em miniatura, esperando os toques do amor e da sabedoria espiritual. São *horizonte da vida* que se abrem com o abrir do coração, para a grandeza da fraternidade em Jesus Cristo.

Usemos a transmissão de nossas energias para a paz das consciências, que nos porvir encontraremos essa paz a nos esperar, para o banquete da felicidade.

Façamos a vontade de Deus, que sempre nos transmite os meios para que possamos fazer o bem.

44 *Conduta do Homem*

A conduta do homem marca o que ele já alcançou na escada do seu despertamento espiritual. Quem não percebe na vida, as suas ações? O que a gente é, manifesta-se na palavra, no olhar e na própria irradiação, denunciando o que se nos passa por dentro, no impulso dos sentimentos; estes conversam e são ouvidos por faculdades que as almas têm, e, por vezes, quem ouve não percebe os canais que estão sendo usados pela natureza.

Estamos atravessando época em que a evolução, senão o progresso, exige mais finura na urdidura dos seres, de melhor compreender e de melhor servir. Disse o Evangelho: "Àquele que tem, mais lhe será dado". Certamente que a humanidade presente tem mais qualidades de percepção espiritual; portanto, descem da espiritualidade maior ensinamentos mais relevantes, com a finalidade de instruir educando, de amar amando, de perdoar perdoando, de praticar a caridade vivendo a benevolência, de ensinar exemplificando.

Queiramos ou não, a própria vida que corre hoje com a velocidade da luz nos induz às mudanças, a todo momento, qualificando e expandindo conhecimentos elevados, para que a vida humana se torne em faixa de vida divina, mesmo na Terra.

O acervo de qualidades que existem na alma é exuberante e são incontáveis as qualidades nobres, esperando a maturidade para que elas possam se estender por todos os lados, mostrando o que são sem alarde, mas ajudando em silêncio, por ser ordem natural do universo.

O potencial da mente é muito grande, dependendo da conduta do Espírito, e os primeiros passos devem ser acionados por ele, na senda da perfeição espiritual. Convém começar, pois, é pelo esforço próprio que os primeiros laços são desatados, de onde vertem as primeiras luzes na estimulação da vida. Entrementes, devemos observar como proceder fielmente, sem nunca exigir dos outros o trabalho que por vezes estamos fazendo dentro de nós; cada consciência é um mundo diferente, com seus deveres e direitos, e não podemos usar de violência em sentido algum. Trabalhemos na nossa intimidade que, pelo exemplo, no silêncio da vida, os outros perceberão o que estamos fazendo em nosso próprio favor, e essa conduta despertará neles a vontade de fazer o mesmo. É neste sentido que o livro é valioso, pois ele não discute com o leitor; mostra os caminhos, com brandura, apontando exemplos aqui e ali, esperando a decisão do leitor, que por vezes não demora, na expansão também da sua própria luz.

Comecemos observando a nossa conduta, analisemos, ponderemos e vejamos como deve ser feito o trabalho em nós mesmos, sem anunciar nossas conquistas; se nada fica em segredo, a natureza sabe como propagar nossos feitos de mudanças. A nada violentemos, mas não paremos de trabalhar no crescimento da harmonia nos corações, sem exigências e sem festejar nossos feitos. Podemos nos situar com os outros onde eles estiverem, no entanto, velemos pela nossa conduta reta sem nada dizer, porque a fala verdadeira não ordena verbalização barulhenta.

Deixemos florescer em nosso coração a alegria sem alarde, a paz sem preguiça e o amor sem apego, que essa caridade passará a expandir luzes em todos os corações em caminho conosco.

O que registramos em livros, estudamos na natureza e na verdade tudo vem de Deus, de modo que a nós pertencem os impulsos de direcionamento. A energia que nos alimenta penetra em todos os seres com uma candidez grandiosa, porém, ela recebe os nossos sentimentos qual a máquina fotográfica, na hora que acionamos o dispositivo para guardar as imagens.

Necessitamos do "vigiar e orar" de Jesus, a fim de não cairmos em novas tentações. Quem se aprimora por dentro, não tem tempo de ver defeitos alheios. O mundo somente melhorará quando todos os homens e os Espíritos que nos acompanham passarem a entender as suas necessidades espirituais e cuidarem de si mesmos, conhecendo as deficiências e corrigindo faltas, entregando o coração a Cristo e aceitando seus conceitos, vivendo-os. Eis o que devemos fazer em esforço de todos os dias:

Pensamentos retos, palavras retas e reta conduta, para que o sol do coração possa intercambiar com as estrelas da consciência e, neste ambiente, aparecerá com destaque o Cristo, servindo de canal para a felicidade com Deus. Que a nossa conduta possa refletir sempre a vida do Mestre!

A nada violentemos.

45 *Horizontes da Palavra*

Os horizontes da palavra nos mostram com amplitude os horizonte da vida, onde domina o pensamento de Deus, bem como a sua palavra, dentro das normas estabelecidas por Ele mesmo.

Como entender a palavra? Não deve e não pode ser pelos processos dos sons, porque ela age e brilha em inúmeros entendimentos, senão em variados campos das gradações da vida física e além dela. Os Espíritos falam e os anjos conversam. Eis a ciência que não pode faltar em todas as modalidades da sabedoria universal.

Tudo o que existe, existe em muitas dimensões, e essas faixas são incontáveis para chegar até o Criador. Compete à humanidade, encarnada ou não, passar a entender por onde corre a sabedoria de Deus, na sustentação de todas as criaturas.

Sem que se expresse a violência, somente recebemos o merecido, o que suportamos, pela nossa elevação espiritual. Como explicar Deus para os homens da maneira que entendem os anjos? Como querer que um animal doméstico entenda a vida de um lar? Como colocar uma criança para dirigir uma nação? Tudo chega a nós pelas nossas necessidades; é por isso que Deus é Deus, por conhecer essas diferenças, e nos ajudar no nosso comportamento espiritual, não somente às sociedades que ocupam mundos incontáveis no universo, mas a todas as coisas criadas por Ele.

Os seres humanos começam agora a despertar do grande sono, e muitos acham que já sabem o suficiente, por dominarem algumas leis mas, em comparação com a sabedoria divina, são todos ignorantes, "não sabem o que fazem!, como disse Jesus no topo do Calvário. Em todos eles existe a Gaveta no paiol da consciência, em estado de sono, para ser despertada no tempo conveniente, para não criar distúrbios que os farão sofrer.

Busquemos os horizontes da palavra para chegarmos aos *horizontes da vida*, de onde emana, para os que a buscam, a luz de todos os cambiantes, como sendo alimento de todas as espécies. Disse Jesus: "Eu sou o caminho, a verdade e a vida. Quem não passar por mim, não chegará ao reino do céu". O *caminho* referido por Cristo são as leis estabelecidas por Deus, a *verdade* é a ciência divina e a *vida* é a vida do Criador, palpitando em tudo e sustentando a todos. Jesus era a síntese de tudo isso, porque falava com propriedade: "Quem vê a mim, vê meu Pai". Seja em qualquer faixa de vida que levamos, procuraremos a Jesus, para que Ele possa ser nós e nós Ele, para atingirmos a plenitude da vida, dominando nossos sentimentos, na educação espiritual que o Evangelho nos ensina.

Não podemos alterar a ordem das coisas, porque sem ela não poderá existir progresso. A ordem e o progresso são a manifestação da paz com trabalho, do amor com alegria e do perdão com entendimento. Deixemos brilhar a nossa luz onde estivermos, mas que essa luz não traga o barulho do gazofilácio. Cuidemos dos pensamentos, sem esquecer as palavras; a educação deve começar em todos os níveis para que demonstremos, em torno de nós, uma atmosfera de tranquilidade, mas também da ação constante no dever. Alinhemos a vida para que ela atinja os *horizontes da vida* maior e nos torne em uma força volante na exemplificação da verdade.

Não nos esqueçamos da tolerância dos defeitos alheios, assim como da exigência para com nós mesmos, arrumemos a nossa casa, que o nosso vizinho amigo ou companheiro fará o mesmo. Observemos os nossos passos para onde vão, que cada criatura é dona dos seus próprios pés. Os convites de Deus estão em toda parte à procura dos Espíritos que desejam libertar-se. Acendamos o nosso próprio sol, que tudo está dentro de nós; falta somente que acendamos o nosso próprio lume, para que sejamos iluminados para a eternidade.

Comecemos pela palavra, na harmonia com o universo, que forças invisíveis estão ao nosso dispor, prontas a nos ajudar por amor à causa divina de fazer Deus mais presente em toda parte. A luz está falando a nós todos os dias; ouçamo-la, na sua linguagem de amor e sabedoria.

Compete à humanidade, encarnada ou não, passar a entender por onde corre a sabedoria de Deus, na sustentação de todas as criaturas.

46 *Ação do Pensamento*

A vida é consubstanciada por valores espirituais que a alma começa a descobrir, como seja a fé investida de esperança. Quem de nós, nos dois planos da vida, já não sentiu o bem-estar que ocasiona a fé?

A fé verdadeira que encara a verdade cauciona a esperança, garantindo-a sobremaneira grandiosa, de modo que a vida se torna mais fácil e mais útil. Os valores espirituais dormem dentro de nós e despertam em sequências inumeráveis; e cada vez que isso acontecer, uma porção de luz, mais vida, se aglomerará em nosso coração. Sentimos, com isso, como são infinitos os *horizontes da vida*, roteiros que nos levam à felicidade.

Quando reencarnamos, não estamos sós; inúmeros Espíritos, companheiros de jornada, almas que já passaram no vestibular da vida, nos acompanham, ajudando-nos nos grandes testemunhos; eles nos abonam nos nossos trabalhos, marcando assim a confiança em nós. Eis que devemos ter gratidão a esses anjos tutelares, capazes de sacrificar a vida em baixas vibrações ambientais em nosso favor. Assim se processa em todos os planos da vida universal.

A fé e a vida caminham juntas, por serem da mesma fonte de amor. Como ter vida sem fé? Como ter fé sem vida? Quando encarnados, estamos afiançados por grandes almas que se esforçam sempre para nos mostrar, tantas vezes quantas necessárias, os caminhos melhores. Eles não se cansam, não se irritam, não se encolerizam, nem maldizem, cumprem sempre seus deveres de ajudar, com a tolerância que não passa para a conivência. São Espíritos elevados, conhecedores da verdade, já livres das influências das paixões inferiores.

No entanto, se o encarnado persiste no mal, ser-lhe-á dado o que vive e o que pensa, até conhecer e despertar seus próprios valores espirituais. Não queremos dizer com isso que os gênios tutelares se afastem; eles continuam trabalhando e esperando o amadurecimento da alma. A fiança continua válida; se não se evidenciou hoje, isso se dará amanhã, compreendendo que nunca regredimos, nunca esquecemos o que aprendemos; eles esperam até que chegue o dia da libertação, pois passaram igualmente por estes caminhos.

Aproveitemos o tempo que passa, esforcemo-nos todos os dias na autoeducação, que esse esforço será compensado pela luz, no momento certo em que Deus achar mais acertado. Estamos constantemente cercados por testemunhas espirituais, com valores imortais de vida e de fé. Diante de todos nós, o Senhor nos cerca com as belezas espirituais de toda a ordem, esperando nossas decisões, para que Ele possa entrar na nossa intimidade e despertar esses valores, como sendo o Cristo em nós, motivando a nossa própria glória.

Precisamos, acima de tudo, conhecer a nós mesmos; partindo daí, os *horizontes da vida* vão se abrindo em todos os ângulos, nos mostrando o céu, Deus e a nossa felicidade, mas, para tanto, necessário se faz que tenhamos educação e disciplina, porque sem isso não aparecerá como fruto a instrução divina.

Estudemos o que é a fé, analisemos o que seja a vida, meditemos em Deus e em Cristo, passemos a sentir os ensinamentos evangélicos, sem que o desânimo se apodere de nós, que logo se abrirão em nossa mente novos horizontes, onde o amor se acasalará, cheio de esperanças, porque verdadeiramente a fé não se encontra em outro lugar, a não ser nas profundezas da consciência.

Trabalhemos com o Cristo no coração, de modo que a mente obedeça à luz dos sentimentos, porque todos os raciocínios devem ser domesticados na luz do amor, para que nos tornemos um todo de fé, envolvidos em um todo de vida.

A fé verdadeira que encara a verdade cauciona a esperança, garantindo-a sobremaneira grandiosa, de modo que a vida se torna mais fácil e mais útil.

47 *Como Ajudar*

Explicar as modalidades, que são inúmeras, de ajudar, não é tarefa fácil, porque os principais meios de ser útil às criaturas se encontram dentro de nós mesmos, e os abrimos pela renúncia, disciplina e autoeducação. São meios que pouco interessam àqueles que não desejam ajudar.

O meio mais empregado para auxiliar ao próximo é pela palavra esquecida do exemplo, pela escrita indicada aos outros, ou então, por dádivas materiais. Mas, na verdade, a melhor maneira de socorrer os nossos semelhantes é pela vida que levamos, pelos nossos pensamentos elevados, pelas nossas palavras sérias. A partir daí poderá vir o coadjuvante da palavra, da escrita e mesmo das coisas materiais.

Tudo serve para acudir os necessitados, desde que cada coisa seja operada em seu lugar. Não é tão difícil tirar uma carteira do bolso e passar para o irmão em dificuldade uma nota, seja qual for o seu valor; mais difícil é abrir o nosso coração para o amor, para que ele mude os nossos pensamentos e harmonize nossos sentimentos espirituais, nas transformando a ponto de sabermos ajudar, pelo esforço que desenvolvemos na busca do conhecimento de nós mesmos, livrando-nos das paixões inferiores; mais difícil é inocular em cada pessoa que caminha conosco, vibrações de ânimo diante do esmorecimento, de coragem nas dificuldades e de fé nos momentos de amargura. Podemos ser um facho de luz que ilumina os caminhos que desconhecem as claridades.

Se as doações em termos materiais, livrassem as criaturas sofredoras de todo o mal que as assolam, não existiriam problemas no mundo, onde vemos as sociedades mais desenvolvidas passarem por misérias morais sem precedentes, promovendo deturpações dos valores do coração, entregando ao raciocínio a direção que não lhe compete dirigir. Para esses povos existe um remédio bastante amargo e difícil para eles, que se chama Evangelho, vivido e trabalhado na intimidade das almas.

Buscando socorrer as pessoas é que Jesus enviou a Doutrina dos Espíritos, e não dos homens, que estão envolvidos nas paixões inferiores e adormecidos no berço convidativo do interesse próprio. Egoísmo e orgulho, doenças que somente se curam com a presença do amor, que se divide em variadas luzes da educação e da instrução espiritual.

É preciso ajudar, no entanto, é de bom alvitre que se compreenda a verdadeira modalidade de servir com Jesus. Não é preciso carregar o companheiro nos ombros, mas ensinar-lhe a caminhar com os próprios pés. Somos, quando encontramos alguém colhendo frutos saborosos, impulsionados a ajudar a saborear, mas por que não plantamos também?

Os caminhos do bem são tortuosos, todavia, os resultados são bons. Procurar a vida feliz na Terra da maneira com que são procurados os meios, é enveredar cada vez mais no mal. Para ser feliz é necessário trabalhar em si mesmo, cortando arestas e aprimorando meios de vida, para que a vida de Jesus se saliente no coração de quem serve de instrumento, acendendo o sol no seu próprio coração.

Ajudemos a nós mesmos sem egoísmo, amparemos nossos pensamentos sem orgulho que, dentro destes esforços, aparecerão em nossos passos outros passos invisíveis, a nos ajudar nas intenções enobrecidas que o amor ativou em nosso coração. Não percamos as oportunidades de servir, mas compreendamos como ajudar melhor.

Às vezes, ser útil a uma criatura nos moldes que o Cristo ensina, pode não agradar a todos, mas ajuda a Deus. Fujamos das facilidades, que são ilusórias em todas as marchas. Favoreçamos os nossos companheiros em caminho, mas, com coisas reais: aos que estendem a mão, ajudemos a pensar melhor, antes de repassar-lhes a dádiva que o coração indicar; se nos assomar uma vontade de falar do governo, ao encontrar alguém que dele fala, fechemos a boca e oremos por ele, pois quem sabe não estamos cooperando nos desgovernos? O roubo pode ser feito em várias dimensões, assim a violência, a discórdia, a desonestidade, a preguiça. Pensemos nisto, que veremos como é fácil ajudar a todos sem distinção. Quando alguém nos ferir, vejamos se não estamos em sintonia com o que ele disse, e oremos também por ele.

Sejamos sempre doadores do bem por onde andarmos, que a manifestação do amor em nós é sempre semente de luz em nosso favor.

Podemos ser um facho de luz que ilumina os caminhos que desconhecem as claridades.

48 *A Conversa e o Passe*

Devemos falar ao espírita com mais intimidade, por ser ele mais consciente das leis espirituais que agem em todos os quadrantes do universo.

Ser-nos-á dado mais, como também nos será pedido mais, pela altura da compreensão alcançada. Os *horizontes da vida* são maiores para os que entendem mais.

A alma pode trabalhar em silêncio em favor dos que sofrem. O silêncio, em muitos casos, é força divina, dentro da divindade humana.

Quando conversamos com alguém que de nós se aproxima, mesmo que não comunguemos com o nosso modo de pensar, não importa a sua crença, importa sim ser nosso irmão. Mentalmente, assopremos energias superiores em todo o seu ser, com amor, porque somente o amor tem a capacidade de aliviar e mesmo de confortar quem sofre e dar alento às criaturas. O amor puro é harmonia, e isso basta para converter a guerra em paz.

Necessário é que nos conscientizemos de que a palavra bem formulada, ao sair dos nossos lábios, carrega consigo grande força magnética, atingindo o endereço que dermos pela mente. É, pois, o melhor remédio que conhecemos. Se em todas as universidades, os mestres compreendessem o valor da palavra, todos os cursos tomariam e alcançariam novos *horizontes de vida,* gerando mais vida. A palavra, nos cursos do Evangelho do Mestre, é meio caminho percorrido em todas as profissões, seja no comércio, na arte, na medicina, no direito, na psicologia, na engenharia, na política, em todos os aprendizados.

Desordenada, a palavra fere, cria guerras, desencaminha povos e acende o fogo da devastação, em muitas sociedades; a língua em desequilíbrio é uma arma poderosa que destrói. No entanto, quando é ordenada no amor, tudo faz para acordar os valores na intimidade dos seres; até mesmo os animais reconhecem esses valores imortais nas criaturas de Deus.

Vemos, atualmente, milhares de livros de filosofias espiritualistas que cuidam da arte de falar melhor, por se ver e sentir que tudo se cria de bem ou de mal, pelos estímulos da palavra falada e escrita.

O passe não se limita à imposição das mãos diante do enfermo, ou à vista deste; podemos oferecer o passe à humanidade toda, porque os pensamentos são vibrações que percorrem o universo com o estímulo que os sentimentos derem a eles. Distribuímos essas bênçãos a todas as criaturas de todos os níveis porque, quando falamos, nos dirigindo a alguém que pode nos ouvir, essas energias vão mais além e podem ganhar outros corações, com a mensagem que entregamos a elas pela vontade. Quem conhece a verdade é sempre beneficiado por ela e servindo-se da sua parceria, será uma luz movimentando-se dentro da luz de Deus, em favor dos sofredores.

Os animais e as plantas absorvem as energias que

desprendemos do verbo e da mente; são *horizontes da vida*, nos mostrando como podemos ser úteis sem usar do saldo que ganhamos com o suor do próprio rosto. As plantações em decadência em muitos países são geralmente aniquiladas pelas forças mentais negativas que percorrem o planeta, saídas das cabeças invigilantes; assim as calamidades, assim as doenças. Nesta linha, observamos o restante.

Por que chorar,
quando podemos sorrir?
Por que odiar,
quando podemos amar?
Por que violentar,
quando podemos perdoar?
Por que a ganância,
quando podemos doar?
Por que o egoísmo,
quando de algo podemos desprender?
Por que o orgulho,
quando podemos nos envolver na humildade?

A inteligência em Cristo nos informa que, seguindo as leis naturais, encontraremos a luz da felicidade. Aproveitemo-las logo, que as sementes lançadas nos outros germinarão em nós, com os proventos da fé, onde mora a esperança. Quando conversamos, não nos esqueçamos de fazer o melhor para quem ouve.

Os pensamentos são vibrações que percorrem o universo com o estímulo que os sentimentos derem a eles.

49 *As Mãos*

As mãos são canais de forças incontáveis. Se permanecermos no amor de Jesus, elas farão prodígios em tudo o que tocarmos. As sementes de vida que brotam nos pensamentos iluminados percorrem todo o corpo, e facilmente descem pelas mãos que abençoam, que servem, que mantêm a paz nas criaturas.

Para que as nossas mãos trabalhem no bem comum, é preciso que os nossos pensamentos sejam harmoniosos e que as palavras não esqueçam o verbo divino, porque as mãos são obedientes à mente. O ser humano é um todo de poderes qualificados, e pode permanecer como luz, clareando em todos os roteiros percorridos pela alma.

Conhecendo os poderes que carregamos em nossas mãos, usemo-las para levantar caídos, para alegrar os tristes, para confortar os sofredores e para acalmar os desesperados. Lembremo-nos que, quando Jesus tocava um enfermo, esse era curado; o seu gesto, mesmo de longe, chamava discípulos para o apostolado e abençoava à distância, levantando paralíticos e curando enfermidades difíceis. Os seus discípulos fizeram o mesmo, usando as mãos para despertar nas criaturas a fé e a crença na vida que continua depois do túmulo. O Mestre tocava as criaturas e por vezes despertava nelas o interesse de ajudar, de amar e de servir à grande causa do amor.

Cuidemos das nossas mãos, que elas poderão ser testemunhas dos nossos atos e amparo do nosso coração; que elas deixem o rastro de luz nos nossos caminhos. Não nos esqueçamos de movimentá-las pelos impulsos dos sentimentos em Jesus, para que iluminem cada vez mais, mostrando que a consciência está tranquila.

A imposição das mãos no serviço da caridade é ato divino, desde o começo do cristianismo. Não podemos perder essa oportunidade de regular a vida e disciplinar nossas emoções, de nos livrarmos do egoísmo, tornando inútil o orgulho.

Estendamos as nossas mãos, não para pedir, porém para oferecer a luz que já possuímos. Nesse serviço de paz, a nossa consciência mostrará a nossa tranquilidade, e a nossa vida passará a ser a vida que vive e mora na harmonia do Criador. Não nos custa usar as mãos em favor dos que sofrem, usando-as para alegrar os tristes. Quando as usamos no bem comum, o nosso coração pulsa diferente, porque entra na ordem do universo, que se chama equilíbrio de vida.

As mãos podem ser fachos de luz que não se apagam, agentes de Deus no socorro às pessoas, e sustentação dos nossos deveres, de modo que a nossa vida seja uma vida de entendimento; com elas poderemos granjear amigos e fortalecer amizades. Sendo o corpo instrumento da alma, ela usa todos os membros na utilidade do bem que não morre; por isso, devemos estudar as necessidades do agregado humano e das suas modificações com o correr dos tempos.

O progresso nos dará noções de como fazer para que o corpo esteja sempre jovem, não apenas na aparência, mas, em Espírito, mostrando força e vitalidade nos passos, pelas nossas atitudes no serviço do bem.

Há muito que os ditos entendidos das ciências espirituais afirmam que, do modo que pensamos, as nossas mãos nos atendem. Imaginemos o que as nossas mãos estarão fazendo, se os nossos pensamentos não atenderem aos chamados de Jesus.

Procuremos se honestos nas atitudes, sermos bons nos momentos em que a natureza nos chamar para servir, justos em todas as análises e amar com Jesus em todas as direções. Deste modo, as nossas mãos nunca deixarão de servir no grande empenho de Deus.

Cuidemos das nossas mãos, que elas poderão ser testemunhas dos nossos atos e amparo do nosso coração; que elas deixem o rastro de luz nos nossos caminhos.

50 *Dádivas Diárias*

Quando os Espíritos nos falam que devemos intelectualizar a matéria, estão abrindo portas para outros *horizontes da vida*, para que possamos nos servir de tudo no grande transformismo, por ser lei operante no cinetismo universal.

Compreendemos, pois, na atualidade, que a água sorvida todos os dias não somente serve para saciar a sede, mas esse ato tem outros objetivos, como seja purificar a própria água pela força do progresso, para que ela possa servir a outras gerações que deverão vir mais elevadas, e que precisam dos elementos mais sutis. Assim com os alimentos, com as vestes, com a própria luz.

O Espírito leva vantagens valiosas em tudo aquilo que utiliza, nos dois aspectos: ser servido e servir de instrumentos de Deus para a purificação das coisas. Tudo vem do Criador, portanto, a irmandade está em tudo que avança e atinge a luz da razão, partindo daí para sequências sem fim. São dádivas diárias, é a caridade expressa em processos inumeráveis; por vezes, esse trabalho se opera na inconsciência, mas a Doutrina Espírita nos ajuda a nos conscientizarmos desta verdade, para libertar o coração e dar-nos a certeza da vida e da nossa elevação até Deus.

Agradeçamos à água que sorvemos todos os dias, a mesma que higieniza o corpo e participa da preparação dos alimentos que saciam a fome; agradeçamos às vestes que cobrem o nosso corpo, a nossa casa, os animais e, por fim, a toda a natureza que, ao contato com essas modalidades de vidas menores, faremos a permuta de forças compatíveis com as necessidades, aprimorando a vida e impulsionando os valores que dormem em todas as coisas.

Acudamos ao chamado da natureza; ela canta como sendo preces ao Criador, para que seus filhos a ajudem, e a ordem de ajudar vem pelas necessidades humanas, como sendo o interesse do conforto e do bem-estar das criaturas.

Lembremo-nos disso constantemente e façamos esse trabalho consciente; agradeçamos sempre pelo benefício recebido de todos os reinos, que eles nos servirão cada vez melhor. Os vírus e insetos, que muitas vezes qualificamos de imprestáveis, as suas vidas são coadjuvantes da própria vida; tudo isso existe para que haja equilíbrio na extensão de todas as existências.

Deus nunca erra no que faz, pois, continua a fazer criando as belezas universais. A força cósmica, que podemos chamar de éter físico, ao circular na alma, sai dela em outra dimensão, levando o toque dos sentimentos em tudo o que encontra, em sugestões silenciosas para que o despertamento se processe. Quem tem ouvidos de ouvir que ouça, quem tem olhos de ver que veja... Se a alma soubesse o que os Espíritos elevados conhecem, os benefícios que os cercam todos os dias, através dos recursos que elas podem usar em seu próprio benefício, como sendo a felicidade, ela iria entender mais a bondade do Criador e o Seu amor às criaturas, suas filhas diletas do coração.

Os homens da Terra, que carregam a cruz da carne benfeitora, devem meditar mais, analisar o que envolve seus caminhos e o que passa a seu favor todos os dias, para que as mudanças possam operar, levando-lhes a paz.

Ao Espiritismo com Jesus está reservado esse papel de revelar às criaturas esses valores de vida, como sendo novos horizontes cheios de esperança e alegria de viver mais, porque afirmemos sempre que a vida continua sempre em dimensões diferentes, mas reais, para que possamos encontrar a verdadeira felicidade. A cada dia podemos ler uma mensagem diferente, porém com mais brilho, que faz feliz o coração, mostrando que o céu existe mesmo na intimidade de cada um.

Tudo isso existe para que haja equilíbrio na extensão de todas as existências...

51 *Serenidade*

A serenidade é fruto da harmonia interna, que corresponde a um conjunto de valores dos sentimentos, de modo que o sublime é filho do esforço individual, depois da grande operação de Deus em nós. Compreende-se daí que o trabalho maior a se fazer não é fora de nós, mas, por dentro; a natureza da alma deve mudar constantemente, como tudo muda na pauta do tempo.

Existem dois tipos de despertamento espiritual na vida de cada criatura: um natural, mais lento e outro de que podemos participar pelo nosso empenho, conhecendo as nossas deficiências e trabalhando para subir, mesmo que o sacrifício seja o preço. Se desejamos crescer, os degraus nos esperam e estão livres, para que os nossos pés alcancem cada um por vez, porém, a operação exige esforço, educação e disciplina incessante.

Cumpre-nos adquirir a brandura nos nossos pensamentos, e que as palavras sejam igualmente nas linhas da suavidade, e a nossa vida mostre a imperturbabilidade de consciência, encontrando horizontes mais excelentes nas modalidades de viver. Esforcemo-nos na demonstração da mansuetude em todo lugar que estivermos, que logo as forças invisíveis nos ajudarão.

O plantio é que aponta a colheita; quando se adquire serenidade em tudo, a vida muda, trazendo a paz, aquela paz que Jesus prometeu, vivendo nela. A equidade do Espírito por onde ele passa representa traços da sua intimidade e sempre reúnem admiradores e imitadores; é o bem sem esforço visível, é a caridade em silêncio que se pode fazer sem alarde e sem convites pela palavra, é a força do exemplo explodindo no coração que antes implodira; é o socorro aos outros sem ostentação, é uma vida em favor das vidas que procuram melhorar.

O campo humano constitui ambiente cheio de acenos negativos; é necessário que estejamos preparados para enfrentar esses contrastes da vida, pois os problemas são testes na confirmação do que aprendemos. Facilitemos a força de Deus em nossos corações, sem nos esquecermos da consciência, que tanto nos ajuda pelas suas sugestões constantes. Examinemos as mensagens que vêm de dentro e que, por vezes, nos parecem que vêm de fora; são os recursos do alto em nosso favor, para que sejamos almas cheias de equidade, pois, esse ambiente de luz fala da existência da felicidade, cuja porta se encontra dentro de nós.

A serenidade, insistimos, é fruto de luz que semeamos que, por sua vez, é filha do tempo, que nos amadureceu nos caminhos do amor; usemo-la como sendo nossos valores que Deus nos deu por amor. Se ainda não houver preparo para a sua aquisição, trabalhemos e esperemos, mas não deixemos de nos esforçar porque, mesmo quando demora, o despertamento está sempre a caminho, na suavidade do tempo.

Se essa luz começa a despontar em nossa vida, esperemos os testes, que eles sempre aparecem, provando e comprovando se estamos firmes, como que senhores de nós mesmos. Não temer os problemas é motivo de confiança em nossa serenidade; é se apresentando pela força de Deus no nosso todo espiritual.

Convém a todos exercitar diariamente a doçura da vida, mas, acima de tudo, atentar para o bom senso, energia reguladora de todos os nossos trabalhos. Deixemos abrir em nossos corações as portas dos *horizontes da vida*, para que a nossa vida fale da vida do Cristo de Deus.

Cumpre-nos adquirir a brandura nos nossos pensamentos, e que as palavras sejam igualmente nas linhas da suavidade.

52 *A Mente e o Corpo*

A mente está ligada ao corpo e a esse domina, na sua extensão absoluta; são trilhões de células que recebem permanentemente o comando da alma, para que se tornem em harmonia. As enfermidades, que recebem variados nomes pela ciência oficial, nada mais são do que a falta de harmonia na mente que, em desajuste, desequilibra todo o soma, fazendo sofrer todos os corpos que servem de instrumentos à alma, e essa passa por todas as agressões que o magnetismo inferior distribui no vasto campo operacional de átomos e moléculas, na circulação de ondas e raios, de todos os tipos de projeções de luzes. Uma intimidade de gamas invisíveis de energias, das mais sublimadas, entra em revoluções desordenadas, fugindo à ordem do universo, por falta de paz na mente e amor na intimidade do coração.

A Doutrina Espírita, com o seu trabalho de prudência, avança todos os dias, entregando à mente humana e mesmo à espiritual, com moderação, cotas de ensinamentos que o progresso exige, para que o Espírito acorde do seu sono milenar, conhecendo as coisas de Deus mais invisíveis, mesmo na face da Terra. Tudo se encadeia em harmonia, mesmo na face da

Terra. Tudo se encadeia em harmonia, ajustando a vida dentro e fora da alma; as bênçãos de Deus não faltam para todos os que desejam imprimir em si mesmos a fé e o amor.

Os seres humanos somente percebem através dos sentidos, em que os pontos sensoriais registram os fatos; quando alcançarem um estágio superior, passarão a anotar em silêncio os valores espirituais, de modo que o aprendizado ficará mais fácil, crescendo, assim, a vida, na demonstração dos mais variados dons, que recolherão avisos onde eles se fizerem presentes para a grandeza do Espírito. Por enquanto, somente podem receber os ensinamentos mais profundos pela teoria; no entanto, tempo virá em que os desencarnados encarregados das orientações deverão se dispor, revestindo-se de fluidos mais grosseiros, ficando visíveis aos olhos humanos, entabulando conversação frente a frente, desfazendo a imagem de que estão no céu, somente adorando o Criador. Sabemos que essa adoração se dá pelos canais do trabalho constante, operando sempre, porque nada para; tudo se move sem interrupção.

O corpo humano é uma amostra do constante movimento da vida; se pudéssemos observá-lo na sua intimidade, em uma tela cinematográfica, com todos os seus pormenores, ficaríamos assombrados de ver e sentir a grandeza que carregamos como instrumento, nos apontando a elevação. Se não foi a ciência que fez o corpo, e nem pode fazer, quem fez? Qual é o potencial que comanda esse micromundo celular, com tanta beleza, que assombra os próprios sábios?

Quando, no mundo espiritual, estudamos o corpo humano, passamos a respeitar mais quem o organizou e dar mais valor a esse conjunto de vidas em favor do Espírito revestido com ele. De qualquer forma, a mente é uma luz de Deus que comanda esse mundo de carne, mesmo de forma inconsciente, porque a mente divina faz parte ativa neste comando, de modo que a harmonia passa a manifestar-se. Mente e corpo se confundem com os mesmo ideais, porque dos fluidos à matéria e desta aos fluidos novamente ocorrem processos de despertamento dos valores colocados pelo Criador, que deseja sua sublimação pelo acordamento.

O Espírito que conhece um pouco de si mesmo torna sazonado o seu clima interior e transforma a atmosfera que o circula, sendo capaz de transmitir para os outros a sua elevação por fios invisíveis, que se percebe apenas pela sensação de bem-estar que comove e agrada ao coração.

Valorizemos mais nosso corpo porque, se ele manifestar harmonia, os outros corpos imperceptíveis passarão a irradiar o mesmo clima de vida e a alma entrará em êxtase de felicidade, que sempre esperamos encontrar. Quando o corpo e a alma estão bem, sentimos Deus mais presente pelo Espírito e Jesus nos guiando para as bem-aventuranças dos céus em nós.

As enfermidades, que recebem variados nomes pela ciência oficial, nada mais são do que a falta de harmonia na mente.

53 *Carregando a Cruz*

Existem muitas modalidades de adestramento espiritual, e uma delas é a nossa cruz, a nós entregue ao reencarnarmos, quando ficamos visíveis no mundo pela forma, no sentido de nos reencontrarmos com os problemas, passo a passo. À medida que somos abordados nas nossas fraquezas pelas dificuldades, vamos, pelo esforço, senão por sofrimentos nas áreas dos sentimentos – físicos e espirituais – capacitando-nos no campo de aperfeiçoamento das qualidades que portamos e que são dádivas do Criador.

Cada criatura humana leva a sua própria cruz; certamente que nos surgirá um "cireneu" nos caminhos mais difíceis, para nos ajudar nas quedas, no entanto, logo devemos retomar o elevado com as nossas próprias forças. Se a glória é nossa, o trabalho não pode ser de outrem, pois, é carregando a cruz que nos libertamos do mal. Onde se concentram todas as paixões inferiores, quando estão em evidência o orgulho e o egoísmo, a cruz deve ser mais pensada, e o *calvário* se posicionar mais distante. E não nos faltam nos caminhos os apedrejadores, os escarnecedores, os detratores, os caluniadores, os que utilizam o chicote, as lanças e a mentira, os que se prestam aos falsos testemunhos e até a própria lei da Terra, que muitas vezes nos condena. Não nos faltam também os companheiros que se afastam de nós, porque é assim que devemos dar os verdadeiros testemunhos de coragem, de fé e de confiança no nosso Pai que está nos céus, regendo a harmonia das nossas consciências.

A criança já nasce no mundo das formas, como que com a forma da cruz sobre os ombros, por vezes chorando pelo seu peso nos ombros frágeis; contudo, está sempre amparada por forças espirituais, por ser lei de Deus, na expressão do amor. A alegria vem depois, quando passa por todos os testes, onde aprende e descobre o mundo a ser cultivado que existe dentro de cada alma. Essas agressões despertam os valores do Espírito e somente assim, carregando a nossa cruz, acordamos para a realidade espiritual e, no fim, vamos descobrir que tudo isso será um motivo de honra, na qualidade de servo de Deus. O aleive só se torna útil depois do descargo dos fardos e dos jugos pela imposição da dor; ele mexe na nossa intimidade, acordando valores e distribuindo condições, de sorte a resistirmos a todas as investidas das trevas, como sendo lucro nos nossos roteiros para a libertação, sentindo mais vida.

Esse arrocho de lutas nos fornece resistências na "subida do calvário", para nos entregarmos ao Criador esplendendo vitória, por termos vencido a nós mesmos. Quem carrega a cruz com humildade concentra-se em si mesmo, de modo a ver e corrigir seus deslizes, seus desacertos, seus maus pendores, a sentir e corrigir o verbo, a ampliar seus pensamentos até atingir o pensamento do Cristo, na função da verdadeira caridade que liberta. O contentamento vem depois das tempestades, quando elas forem motivo de aprendizado para as almas em caminho para Deus.

O lar é uma cruz que glorifica a vida dos Espíritos ali estagiados; os deveres são cruzes que lhes mostram a sociedade como sendo os melhores meios de cultivar a fraternidade entre os povos e o próprio corpo é uma cruz de carne, a que se deve sujeitar, arquivando valores para o coração. A vida no mundo material é um peso que nos ensina a perdoar, a servir, a compreender e a amar em todos os sentidos, para que no porvir possamos receber a coroa da vida das mãos do Mestre, que a recebeu de Deus, para os filhos que venceram a si mesmos.

Tenhamos paciência se, porventura, estiver pesada a nossa cruz, que tudo isso é passageiro; somente a felicidade, depois de alcançada, é eterna, dentro da eternidade de Deus. Confiemos e esperemos, trabalhando sob o comando de Jesus, que os céus passarão a dominar a nossa vida.

Somente a felicidade, depois de alcançada, é eterna, dentro da eternidade de Deus.

54 *Quem te Ama?*

O mais relevante para a maioria dos homens, quando percebem os seus desejos, é saber quem os ama verdadeiramente; quando sabem, sentem um prazer indizível, senão segurança, nos seus próprios sentimentos espirituais. Às vezes, até mesmo os Espíritos desencarnados passam a procurar as suas afinidades pelo coração, querendo amoldar suas forças espirituais à daqueles que a eles se ajustam pelos sentimentos mais elevados da vida, que é o amor.

Esse amor vem sendo trabalhado pelo tempo em todas as modalidades, a nos mostrar os *horizontes da vida*; quase todos os sofrimentos que ocorrem com a alma é por falar do amor verdadeiro no coração, que constitui um vazio por onde, por vezes, passam as paixões inferiores, capazes de desarmonizar a estrutura moral das criaturas. É, pois, do conhecimento comum, que todos sabem o valor desta virtude incomparável e a buscam pelo modo que o seu despertamento pode lhes mostrar. Desde os elementos periódicos ao anjo, todos os movimentos se encontram em busca do amor que, em certas dimensões da vida, toma variados nomes, mas que é o mesmo na sua profundidade de vida esplendente, que nos mostra Deus na sua plenitude.

O estudioso espiritualista conhece e reconhece que o amor verdadeiro não exige, não fere, não maltrata, não se ensoberbece, não falsifica, não odeia, não estimula ciúmes, não se pauta em falsos testemunhos, não violenta, não dá asas ao orgulho nem tampouco ao egoísmo, porque ele é tranquilidade de consciência, é Jesus de braços abertos no centro dos sentimentos, é todo o conjunto dos *horizontes de vida* e da vida.

O irmão que ainda não identificou quem o ama não deve se apegar à ideia de que não existe este ser, nem mesmo recolher seus sentimentos, introjetando seus valores. Ao contrário, deve deixar irradiar o seu, doando tudo o que estiver ao seu alcance e tendo a certeza de que quem ama está a caminho da sua alma, a chegar bem mais depressa do que espera, Quem o ama se encontra mais próximo do que se pensa, pois a humanidade e todas as criaturas podem amá-lo e estão engenhando, para tal procedimento, essa coisa que todos buscamos, por vezes de forma inconsciente, que é o amor.

Aquele, pois, que ainda não sentiu que alguém o ama, deve esperar e trabalhar em si mesmo, compreendendo a demora, porém, juntando em si a certeza de que logo chegará a sua felicidade, a ocupar os centros mais sensíveis da sua vida, para que possa viver com mais decência, sentindo a alegria mais pura para verter da sua intimidade.

O amor está em tudo, até no centro da nossa vida, como sendo Deus na sua majestade para nos garantir a existência. Devemos nos afeiçoar a todas as almas, porque cada uma tem uma mensagem para o nosso coração, que podemos ler, sentindo a vida além do que se pensa. Se os

Espíritos mais elevados nos amam, podemos deduzir disso que tudo na vida nos ama.

Muitas vezes, deparamos com formas ditas inertes, mas, no entanto, delas partem fios luminosos que se acasalam com os nossos, na sustentação da paz; é o mineral, que existe e faz falta ao nosso agregado fisiológico. Assim as plantas, os animais e todos os elementos que vibram em todas as dimensões, tudo pela força do amor, na construção e sustentação da vida, em todos os horizontes, e a esperança mais tarde nos mostrará o porquê desta afinidade: porque tudo nasce de Deus.

Os nossos pensamentos se amoldam no ajustamento das ideias, pelos poderes dos sentimentos, e quando há amor na feitura das ideias, elas nos mostrarão os caminhos mais excelentes, abrindo-nos as portas do bem-estar definitivo. Não procuremos desconfiar das leis de Deus, que nos asseguram a vida; a dúvida nos faz ficar distantes da libertação espiritual.

Passemos a amar as coisas que nos cercam, mas com profundidade, que elas nos devolverão esse amor na dimensão que elas podem dar, porque se amamos Deus em tudo, Ele, como a personalidade de onde verte toda a vida, nos responderá pelos Seus atributos, sem erro de um til sequer. A justiça não troca caminhos, nem tem dúvidas nos rumos que toma, como sendo o próprio amor em faixa diferente de ação. Amemos, porque o amor puro é uma semente de vida que podemos plantar no coração da vida.

O amor está em tudo, até no centro da nossa vida, como sendo Deus na sua majestade para nos garantir a existência.

55 *Abençoando a Todos*

Fazer aos outros o que desejamos que os outros nos façam é regra áurea da vida, é lei de justiça nos mostrando que devemos confiar na Divindade, porque somente recebemos o que merecemos, no padrão das nossas necessidades.

O que significa abençoar? É desejar o bem para todas as criaturas que vivem conosco e que encontramos por onde quer que seja. A bênção é o desejo de servir, é o perdão quando preciso, é a dedicação aos companheiros, é o dever cumprido, é a caridade em todos os seus ângulos, enfim, é o próprio amor, do modo que podemos amar.

Devemos compreender que bênçãos são doações dos valores que já despertamos na intimidade do coração. E quando já dominamos a virtude maior, nas cercanias dos sentimentos, o amor pode ultrapassar além da justa medida, mostrando em silêncio até onde o Espírito alcança o seu desejo de doação, sem nenhuma exigência.

As bênçãos que destroem não passam de gestos mortos, visando a impressionar quem recebe, mas logo são esquecidas pela aragem do tempo, por não terem afinidades com a verdade. E em espírito e verdade tudo muda, passando a ser energia espiritual doada aos que andam conosco a caminho. Essa é, pois, uma das modalidades do intercâmbio, também chamado de mediunidade; podemos servir de instrumentos para essa luz imortal, soerguendo aqueles caídos, curando os enfermos, abrindo os olhos dos que chamamos de cegos, e despertando para a alegria os tristes.

A bênção é doação divina, partida da Divindade e que carrega consigo, quando passa por nós, os nossos sentimentos, que devem ser de amor. Sendo ele alimento das almas, vejamos como ofertamos esse alimento aos companheiros mais próximos, à guisa de valorizar o doador. Não tenhamos medo de amar, com medo de perder energias, pois essa virtude, quanto mais exercitada, mais cresce no coração de quem a oferece.

Aclimar os sentimentos a esse padrão de luz é buscar Deus na profundidade da consciência, é viver dentro das suas leis, que regulam a vida no universo. Abençoemos a vida ao levantarmos da cama, onde reparamos nossas energias perdidas durante o labor do dia. Não sejamos ingratos para com a força que nos sustenta vivos e conscientes. Se as bênçãos vêm de Deus, passam por nós, para que nelas coloquemos a nossa marca, por que negar aos que nos acompanham? Quantas recebemos igualmente de outras pessoas que, por vezes, nos ajudam a pensar melhor e trabalhar com mais eficiência? Pensemos mais e abençoemos mais, porque se todo o nosso tempo estiver cheio de bênçãos, a luz se fará sempre em nossos corações, nos mostrando mais horizontes de tranquilidade, como sendo a nossa verdadeira casa, onde mora o Criador, tendo como hóspede divino Nosso Senhor Jesus Cristo.

Sejamos alegres, na certeza de que a alegria é porta para a luz do entendimento, sendo uma doação constante para quem nos vê em pleno contentamento. Abençoemos o nosso irmão com os sentimentos de paz, aos nossos companheiros com as devidas desculpas quando necessárias, aos nossos familiares com o entendimento preciso, modelando nossos sentimentos com o exemplo de uma vida nobre, que enobreceu todos os valores conquistados.

Trabalhemos na nossa intimidade todos os dias, analisando, verificando e meditando no que fazemos, porque nesta busca para melhorar, a intuição se fará, para que possamos corrigir a nós mesmos, iluminando as nossas qualidades morais e espirituais.

A melhor forma de abençoar os outros é com o exemplo da nossa vida, dentro da vida de Jesus, que se expressa no Evangelho: com pensamentos puros, ideias puras e conversa pura, de modo a nos levar a respirar, mesmo na terra, o ambiente dos anjos.

Sejamos alegres, na certeza de que a alegria é porta para a luz do entendimento.

56 *O Mundo Caminha*

A lei universal nos diz com propriedade que nada para, e o mundo caminha dentro da analogia divina que eleva os poderes espirituais no centro de todas as coisas, em processamento de valores imortais. Quando conhecemos certas leis formuladas por Deus, notamos a necessidade do movimento incessante em todas as modalidades da vida; podemos dizer, não tendo outra expressão melhor, que a vida é movimento.

Queiramos ou não, nos destacamos como filhos de Deus, por ser Ele o Criador de todas as coisas e se prevalecer como agente doador da própria vida, que sustenta toda a criação, pelos processos que entende ser o melhor para nós. A vida caminha pelos roteiros traçados pela Divinidade, porque ela é sábia e ordeira, análoga à fonte de onde germinou. Comungar com a vida é conhecer a nós mesmos.

Aquele que tem uma religião que o agrada não deve desdenhar as outras, que têm o mesmo direito que ele; existe liberdade de escolha, como há liberdade na própria natureza, onde existem diferenças nas árvores que nos oferecem frutos de variada espécie, devido ao próprio organismo precisar de diferentes ordens de elementos vitalizantes. As diferenciações são normas de vida, abençoadas por Deus, infundindo belezas imortais em toda a criação. Compete a nós outros entender e respeitar os direitos de vida, com as suas diferenças de expressão.

Por que não relevar a ordem do progresso e do universo, fazendo com que se destaque a luz do entendimento e em cada coisa a vontade daquele que criou a própria vida? As diretrizes homográficas[1], com a sua poderosa mente, é que estabelecem a vida feliz; quando saímos do padrão de luz estabelecido pelo Criador, sofremos as consequências que nos agridem, de modo a nos mostrar caminhos mais excelentes para trilharmos.

Assim como o universo vibra como uma grande sinfonia celestial, que irradia amor e dá inspiração aos grandes homens, para nos mostrarem as leis universais como sendo o verdadeiro caminho, o próprio corpo físico também vibra numa sinfonia divina, por ser uma síntese do universo físico, com todas as suas leis em proporções menores, na gratificação do Criador, para que se possa entender a vida no seu conjunto de amor. Analisemos o corpo que ocupamos temporariamente, e ele nos dará lições de maior profundidade, se soubermos estudá-lo como sendo o livro da natureza. E quantos corpos são usados pelo Espírito para sua viagem eterna? Muitos e muitos, como vestes celestiais, ajudando a alma a assimilar lições e aprimorar valores que ela carrega no centro da sua própria vida.

Não nos impacientemos com os problemas, com as dificuldades, com os contrastes, porque tudo está a favor do todo em preparação dos nossos caminhos, nos levando à felicidade. Sejamos homogêneos com a luz, fazendo-nos

---

1 Diretrizes homográficas = roteiros da vida do homem

luz, para que a nossa vida não seja diferente da vida de quem nos criou. Corrijamos nossos deslizes, porque somente nós podemos vencer a nós mesmos e abrir as portas do entendimento para entrar o Cristo de Deus e iluminar a nossa cidade interior. O mundo caminha; caminhemos com ele e, quando pudermos, passemos à sua frente, mostrando a nossa força de vontade e os poderes granjeados no percorrer dos próprios caminhos por onde passamos.

Feliz daquele que já entendeu seus deveres e os cumpre na suavidade do amor. Sejamos de tal espécie, como o é a Força Soberana, por não termos sido feitos diferentes. Devemos descobrir logo os nossos deveres, respeitando os dos nossos semelhantes; desta forma, eles passarão a nos amar nas linhas da verdadeira fraternidade universal.

Devemos sobrelevar firmes nos caminhos a nós endereçados e obedecer a Deus, fonte divina, que Jesus descobriu primeiro que nós, nos apontando os *horizontes da vida*, mas, somente nós mesmos temos de dar os primeiros passos, para depois, então, chegarem ao nosso lado os "cireneus" na forma de benfeitores espirituais, capacitados a nos ajudar com mais eficiência.

Os nossos semelhantes estão sempre em nossos caminhos e nós nos deles; cada vez que melhorarmos moralmente, convocamos outros da mesma analogia para nos assistirem. Isto é Justiça Divina, na divina expressão de amor.

Sejamos homogêneos como a luz, fazendo-nos luz, para que a nossa vida não seja diferente da vida de quem nos criou.

57 *Trabalho dos Espíritos*

O trabalho dos Espíritos alcança mais além do que se pensa, por se encontrarem em todas as faixas da vida. Tudo é impulsionado na Terra, em todos os mundos, pelos agentes de Deus, cada um na sua gradação, operando pela inspiração do Criador de todas as coisas.

Não nos imaginemos sós no momento de pensar, de formar as ideias e de fazer o que prometemos pelos pensamentos. Tudo se registra pela força das leis de Deus. Existe um agente de alta sensibilidade, com capacidade de fixar imagens e sons, cores e mesmo vida, irradiações e campos magnéticos de tudo o que porventura saia dos seres humanos, espirituais e das coisas.

Todos os Espíritos trabalham para Deus, mesmo na sua inconsciência; o que o homem faz, que não trabalha para Ele? Se ignora esta verdade não é que Ele deixe de agir, na sua plenitude, obediente à sua gênese. Os Espíritos operam nos ares, regulando-os em todos os matizes, purificando a atmosfera de acordo com as necessidades dos homens. Trabalham também nas águas, dando-lhes motivo de mais vida, como alimento para os peixes e para os próprios homens, dando-lhes valiosa serventia em todos os campos em que opera, como seio da vida física, sustentando as belezas onde foram chamadas para o trabalho.

Também o fogo tem grandes tarefas entre as criaturas, e os Espíritos atuam nele em modalidades diferentes, que os homens não ignoram. Assim com as árvores e a própria terra. Daí poder-se analisar o resto, onde operam em nome do Criador falanges e mais falanges de Espíritos de toda natureza, em processo de crescimento espiritual.

O trabalho é vida, quem pode viver sem trabalhar? Jesus laborava na Terra por ocasião de sua passagem por ela, no comando de bilhões de Espíritos de variada natureza, na cooperação com seu Pai, para estabelecer a verdadeira harmonia em todas as coisas.

Como negar a participação dos Espíritos na vida humana? Como negar a participação dos homens na vida dos Espíritos? Tudo se torna em grande corrente de vida, onde cada criatura representa um elo divino, engrenado pelas mãos de Deus, em permutas espirituais imprescindíveis para a sustentação da paz. Os lares estão cheios de Espíritos de variados graus, mas na função da justiça, operando em todos os sentidos: nas escolas, no comércio, na indústria, na redação de livros de variados valores, na direção de todos os países, na divisão dos mesmos e até nas guerras existem milhares deles com as intenções análogas às dos guerreiros. No lar, no momento da alimentação, aí se encontram os Espíritos e mais ainda, aqueles que assimilam os assuntos por nós ventilados, pois os semelhantes se ajudam com os semelhantes, conforme a lei de justiça. Mas nunca faltam Espíritos para ainda equivocados; daí podemos deduzir o trabalho deles em todos os cantos e recantos da Terra e nos espaços siderais, e todos, pela vontade de Deus, recebendo inspiração no que devem fazer, em favor do conjunto.

Essa é a realidade que muitos percebem e, com o tempo, a própria ciência deverá comprovar a ajuda do mundo invisível junto ao mundo material. Deus usa desses meios para ajudar aos que ainda dormem no seio da carne, e em outras dimensões mais grosseiras da natureza.

Para melhorar as companhias espirituais é necessário moralizar-se, mudando os pensamentos, se eles não correspondem à verdade, mudando as ideias, se elas não estão compatíveis com o Evangelho de Jesus, mudando os assuntos ventilados, se eles estão imantados de paixões inferiores. É, pois, nas mudanças íntimas que Espíritos saem e entram outros, do modo como os assuntos se expressam. E a nossa vida passará a ser uma vida de paz, na paz daqueles que nos acompanham, em nome de Deus. A vida é uma escola onde se pode aprender a viver melhor. Que Deus nos abençoe sempre, na subida para a luz do amor.

O trabalho é vida; quem pode viver sem trabalhar?

58 *Respiração da Alma*

Tudo o que existe respira na dimensão em que vive, é, pois, o alento da vida que circula na intimidade das coisas, desde a matéria primitiva até os maiores acúmulos da criação.

O que mais se encontra de respiração na Terra é processado pelo corpo humano: exercício visível e necessário ao equilíbrio da alma, garantindo o agregado fisiológico, na postura que lhe é conveniente. No entanto, todas as coisas inspiram e expiram, como uma troca de vida processada pela doação divina; é o retorno de quem recebe para o grande campo transformador do universo.

Os grandes místicos do oriente compreenderam que todo o universo é mantido em forma pela sua respiração, onde se marca em dois tempos mais ou menos longos, que são a inspiração e a expiração, ou seja, a ida e a volta da força de vida em perfeita consonância com o poder doador que é Deus. E esse trajeto de energia pode ser observado desde o vírus até o anjo, desde o átomo até os mundos, desde a criação total até Deus.

Em se falando da respiração da alma, podemos incorporar neste exercício divino a criação mental dos Espíritos, as bênçãos do Grande Arquiteto do Universo, que doa seu talento de vida a tudo e a todos, sendo que os Espíritos conscientes dos seus deveres e de suas vidas imprimem na doação seus próprios sentimentos e deles fazem uso, porque o que retrata nos seus pensamentos são seus filhos, que passam a fazer parte da sua própria vida.

Sendo que a vida pertence a Deus, somos eternamente dependentes dele, em plena consonância com o seu magnânimo coração, que pulsa em duas dinâmicas, marcando a ida e a volta de todas as coisas criadas por Ele mesmo.

A respiração no ser humano é marca da macrorrespiração do universo, donde a seiva de vida vai e volta em processos ainda desconhecidos por nós outros, em trabalhos de despertamento espiritual. E como temos um trabalho a fazer em função do nosso despertamento, participamos conscientemente da cocriação, acordando nossos valores que, por vezes, dormem na nossa intimidade.

Os primeiros passos se resumem em corrigir o que não deve ser, atenuando os inconvenientes, para mais tarde dar os sintomas de elevação na programação da subida, passando a sentir e ver os grandes horizontes a se descortinarem na nossa vida, aparecendo a esperança sublimada. Portanto, o importante é moderar, num primeiro momento, para depois disciplinar de fato os impulsos inferiores nascidos das paixões inferiores, agregados da ignorância. Todos os dias a vida pede retoques e é o que devemos fazer, ampliando condições e acertando rotas para alcançarmos o mais certo.

Se tudo respira, deveremos aprender como respirar melhor,

se tudo alimenta, o nosso dever é aprender a alimentar com mais acerto. É bem comum a todas as criaturas espiritualistas compreender que respiramos os nossos próprios pensamentos e bebemos as nossas próprias ideias, agregadas em torno de nós através das vibrações das nossas palavras. Cientes desta verdade, o que fazer? Acadimar todos os dias, porque a caridade mais elevada é a que fazemos a nós mesmos, nos educando, por vezes até com rigor. Deus é o doador divino, e não deixa faltar o que nos entrega para viver, mas deixa a nossa parte para que a façamos. Se cuidarmos bem, seremos agraciados; se não, sofreremos as consequências dos nossos desleixos.

Ao espírita, não pode haver desculpas pelo modo de pensar e sentir a vida, usando o fluido divino, para a divina ascensão da alma. Quando aprendemos a viver, abrem-se-nos as portas da felicidade, e tudo para nós corresponde em belezas eternas, passando a não existir o mal, porque o bem toma conta da nossa casa mental, senão da cidade da consciência, em atividade constante, objetivando não dar lugar à desarmonia.

Aprendamos a respirar vida, que encontraremos Deus mais perto do que pensamos e Jesus a nos convidar para entrar em nós mesmos, onde o céu é uma realidade e o amor, a atmosfera de luz, na sustentação da alma rumo à felicidade.

O importante é moderar, num primeiro momento, para depois disciplinar de fato os impulsos inferiores nascidos das paixões inferiores, agregados da ignorância.

59 *Função dos Corpos*

O Espírito tem vários corpos e todos eles modulados uns aos outros; por eles intercruzarem energias sublimadas para o equilíbrio da alma, na sua função divina, ante as necessidades na Terra e mesmo no universo.

Muitos missionários já se encontram encarnados, cumprindo programação estabelecida no mundo espiritual, no combate aos tóxicos, ao fumo e às variadas modalidades dos superagitadores dos dons espirituais, sem que seja por despertamento gradativo pela própria natureza, porque esses deturpadores da consciência, que são os tóxicos, os alucinógenos e os estupefacientes alteram os sensíveis pontos da percepção dos valores espirituais, desajustando alguns dos corpos que servem ao Espírito na sua grandiosa tarefa de sublimar seus dons de vida.

O viciado não se interessa pela marcha lenta da natureza humana, ordenada pela divina; ele só deseja viver na ilusão, por não estar disposto a conquistar esses valores por dentro, na formação da moral evangélica, por maturidade da alma, na ordenação natural para o que deve fazer na sua estadia nas lides humanas. É o que já falamos alhures, do desgaste da tela atômica, que regula a passagem de notícias de um mundo para outro, utilizada pela mediunidade, mas por maturidade da alma e missão dos médiuns que foram antecipadamente preparados. Às forças virgens, atingidas pela violência de elementos agitadores, pode custar caro, e por vezes muitas reencarnações para pacificar esses distúrbios causados por elementos incompatíveis à harmonia mental.

No surgimento da Doutrina dos Espíritos, não se falava dos vários corpos que servem ao Espírito na sua função de vida na Terra, porque não era hora de se dizer; ainda hoje pouco se fala, porque o ser humano precisa, em primeiro lugar, conhecer o corpo mais grosseiro que usa, com as devidas funções, para depois subir conhecendo os outros corpos com os seus trabalhos para a harmonia da mente. Temos muitos corpos e eles devem estar em plena consonância, no sentido de adjetivar esse conjunto de vidas para a vida maior, que é a alma.

O corpo mental deve ser purificado pelo que se pensa, o corpo dos desejos reflete os próprios desejos que se mentaliza, e assim por diante. O Espírito pode deixar alguns corpos e firma outros tantos quantos ditar a sua necessidade; com o tempo, poder-se-á penetrar bem neste assunto, desde quando se prepare para conhecer e saber conciliar esses conjuntos de forças que a natureza nos dá. São corpos com funções alternativas na iluminação do Espírito; mas não é Espírito, é preciso que se saiba disso.

Quantas obsessões não se vê nos encarnados por estarem em plena desarmonia alguns desses corpos? E esses desajustes podem partir das drogas, assim como partem do comportamento das criaturas que alimentam o ódio, a inveja, o ciúme, a discórdia, a violência, o orgulho, o egoísmo e a maledicência. Tudo, enfim, contrário à caridade, que se expressa como amor, cria distúrbios nos corpos espirituais da alma, e o Espírito sobre as consequências desse desajuste. A felicidade se torna difícil na Terra, por faltar harmonia nas mentes. A Doutrina dos Espíritos tem uma missão de despertar os valores morais e espirituais no homem, para que possa nascer a paz imperturbável na consciência da criatura; neste estado, todos os corpos quantos estiverem em função irradiam serenidade e criam ambiente para o trabalho harmonioso da alma.

Cada corpo da alma tem sintonia profunda com os centros de força, de modo a ajustar no coração os sentimentos de amor. Quando esses estão em guerra, a mente manifesta perturbações variadas, que os medicamentos humanos somente adormecem, sendo que quando acaba o efeito, a causa volta à tona. É necessário alindar a vida, pela fonte benfeitora do Evangelho de Nosso Senhor Jesus Cristo. Ele é a luz do entendimento, porque é vida na vida de Deus. O corpo físico, sendo o alfa, e o Espírito o ômega, precisa da harmonia dos corpos intermediários para que tudo se torne em um todo de paz, fazendo surgir a felicidade no céu da alma.

Ainda temos muito a dizer sobre a função dos corpos; para tanto, precisamos de ouvidos para ouvir e entendimentos para entender, na dimensão que é preciso conversar.

É necessário alindar a vida, pela fonte benfeitora do Evangelho de Nosso Senhor Jesus Cristo.

60 *A Felicidade*

Felicidade

é um conjunto de virtudes vividas pela alma em qualquer lugar em que estiver, ou for chamada a viver.

Felicidade

é a alegria pura e permanente do Espírito, sem os trovões das gargalhadas, muito comuns nas áreas doas paixões inferiores.

Felicidade

é a bem-aventurança assegurada pelo amor, como sendo síntese de qualidades espirituais abençoadas por Deus e conquistadas pelo trabalho interno do Espírito.

Felicidade

é a glória imperturbável da consciência em todos os sentidos. A alma feliz torna-se um sol, de modo que o sol físico se faz como pálida imagem do Espírito feliz.

Felicidade

é doação constante a tudo e a todos, buscando entender a posição de cada um, sem especular os companheiros, por sermos todos irmãos, filhos do mesmo Deus de bondade e de amor.

Ser feliz

é consorciar seus valores importais, no maior bem da vida – Deus – em quem se encontram matizadas todas as luzes que o universo pode comportar, e ainda muito mais do que podemos perceber.

Felicidade

é paz, é amor, é perdão, é tranquilidade, é justiça, é alegria, é equilíbrio, é benevolência, é caridade. É a alma em Deus, e Deus sendo reconhecido dentro de cada alma. No entanto, a felicidade tem uma rota definida, que o santo conhece e os sábios não ignoram, e os místicos sabem por onde trilhar para encontrá-la. Não se conquista de uma só vez, pois ela é filha dos bilhões de anos no exercício de viver. Ela pede que ativemos corpos e mais corpos, vidas e mais vidas, esforços e mais esforços no bem comum; ela pede amor e mais amor, trabalhos de todas as naturezas, onde o bem se mostre em todas as suas modalidades de servir.

Felicidade

é gratidão a Deus por Seus feitos de segundo a segundo.

Ser feliz

é ser justo, de maneira que a harmonia não falte ao ritmo do amor.

Ser feliz

é amar, nas linhas que a caridade se mostre sem o barulho a que se acostumaram os homens nas doações passageiras.

Ser feliz

é não violentar a natureza em todos os seus aspectos, objetivando viver em paz com todos os reinos da Terra.

Ser feliz

é perdoar, de maneira a esquecer as ofensas, e fazer amigos pela palavra, pela ação, pelos gestos e pela vida.

Ser feliz

é cumprir os deveres, pelas promessas assumidas no registro da consciência.

Ser feliz

é deixar que o coração pulse sem discórdia e sem maldade.

Ser feliz

é nunca perder a capacidade de ser pacífico.

Ser feliz

é encontrar o céu dentro do coração, de modo que ele banhe a consciência com os esplendores da alma em plena harmonia com Deus.

Ser feliz

é ceder ante os convites dos testemunhos, desde quando com isso se dê cooperação para melhorar o companheiro em caminho.

Ser feliz

é ver e sentir a felicidade dos outros.

Ser feliz

é conhecer o Poder Central da vida como doador universal e obedecer-lhe, entendendo a sua função de filho de criatura.

Ser feliz

é ouvir a voz de Nosso Senhor Jesus Cristo todos os dias e chamá-lo, ser seu ouvinte de todos os momentos, de modo a avaliar a sua própria vida.

Ser feliz

é não temer tudo aquilo que acontecer, tirando dos acontecimentos as lições imortais para a paz interior.

Ser feliz

é liberar de segundo a segundo vibrações do seu ser, que levem harmonia em todas as direções do universo para todos os seres e todas as coisas.

Ser feliz

é viver em Cristo, para sentir Deus no centro da vida, como o sol da própria vida universal.

Ser feliz

é respeitar a Divindade, da matéria primitiva ao reino dos anjos, tornando-se um deles, na plenitude do amor.

Assim poderemos dizer:

Somos Felizes!

Eis aí os horizontes da vida!

Obras da Editora Espírita Fonte Viva

I.
PSICOGRAFADAS PELO MÉDIUM JOÃO NUNES MAIA

MIRAMEZ

Alguns Ângulos dos Ensinos do Mestre
Apelo Aos Espíritos
Conceitos de Paz
Cristo em Nós, O
Cristos
Cura-te a Ti Mesmo
Favos de Luz
Filosofia Espírita (I a XX)
Filosofia da Mediunidade (I a VIII)
Força Soberana
Francisco de Assis
Horizontes da Mente
Horizontes da Vida
Lucilações Para a Vida (Rosa Cristo)
Máximas de Luz
Médiuns

Mestre dos Mestres, O
Páginas Esparsas
Plenitude Mediúnica
Reino de Deus, O
Saúde
Segurança Mediúnica
Vamos Orar

CARLOS

Gotas de Alegria
Gotas de Amor
Gotas do Bem
Gotas de Fé
Gotas de Ouro
Gotas de Paz
Gotas de Verdade
Tuas Mãos

SINHOZINHO CARDOSO

Além do Ódio

BEZERRA DE MENEZES

Páginas Esparsas II
Páginas Esparsas IV
Páginas Esparsas IX

SHAOLIN

Ave Luz
Jesus Voltando

KAHENA

Canção da Natureza

SCHEILLA

Chão de Rosas

Convites Aos Corações

Flor de Vida

Páginas Esparsas III

MARIA NUNES

Cinquenta Epístolas

Cinquenta Missivas (esgotado)

Ele e Ela

Sabedoria (A Lei de Deus no pensamento dos homens)

Unidade do Lar

LANCELLIN

Cirurgia Moral

Iniciação, Viagem Astral

Páginas Esparsas IV

LOESTER

Mantras de Vida

Sinônimos Para a Paz

IRMÃO HORTA

Páginas e Contos

AYRTES

Tua Casa

ESPÍRITOS DIVERSOS

Assimilação Evangélica

II. OUTROS AUTORES

O Prisma das Mil Faces – Eurípedes Kuhl

O Quartel e o Templo – Eurípedes Kuhl

Sexo, Sublime Tesouro – Eurípedes Kuhl
Tráfico, Doloroso Resgate – Eurípedes Kuhl
Tóxicos, Duas Viagens – Eurípedes Kuhl
Cuidado, Marimbondo Zangado! – Sônia Xavier Pimentel
Eles São Especiais – Sônia Xavier Pimentel
A Casa de Sabão – Sônia Xavier Pimentel
A Chave do Saber – Sônia Xavier Pimentel
Maria Feliz – Sônia Xavier Pimentel
Crianças e Jovens – Izabel Bueno
Uma Vida de Amor e Caridade – Isabel Bueno e Francisco Cândido Xavier
O Homem Sadio – Roberto Lúcio e Alcione A. Andrade
Mediunidade Com Jesus – Roberto Lúcio
Porque Adoecemos – Roberto Lúcio e Outros
O Espiritismo é a Religião – Noraldino de Mello Castro
O Beabá do Jequiti Rosa – I e II – Sissi Antunes
Colar de Pérolas – Celso Martins e outros
Semeando Ideias – Celso Martins e outros
A Visão Espírita dos Fatos – Celso Martins
Depoimentos do Além – Celso Martins e outros
A Bênção do Recomeço – João Cuin
Clareiras do Tempo – Isabel Magalhães
À Margem do Caminho – Isabel Magalhães
O Espiritismo é a Religião – Noraldino M. Castro
As Drogas e Suas Consequências – Autores Diversos